HÉLiO OiTiCiCa

EXPERI-MENTAR O EXPERI-MENTAL

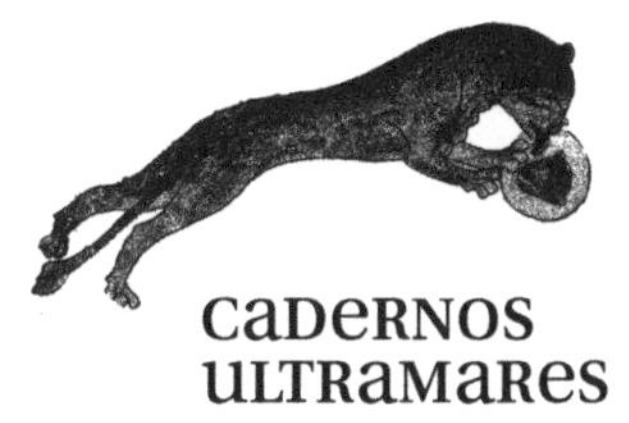

CaDERNOS ULTRamares

ORGANIZAÇÃO E PROJETO GRÁFICO

Marcos Lacerda, Ana Paula Simonaci e Sergio Cohn

CONSELHO EDITORIAL

André Botelho

Bernardo Esteves

Boaventura de Souza Santos

Evelyn Goyannes Dill Orrico

Fréderic Vanderberghe

José Luis Garcia

Maria João Cantinho

Renato Rezende

Teresa Arijón

Vagner Amaro

ISBN 9786586962536

azougue press |

coordenação geral Sergio Cohn

coordenação editorial

Sergio Cohn — Darien Lamen — Cristián Jiménez Plaza

Brasil | CNPJ 12.272.339/0001-26

Portugal | Oca Editorial NF 515805394

USA | E. Id. 803650511

Chile | Tucán Ediciones RUT 77.369.106-1

apresentação
POR RENATO REZENDE

Hélio Oiticica nasceu no Rio de Janeiro em 26 de julho de 1937, neto do filólogo anarquista José Oiticica, autor de *A doutrina anarquista ao alcance de todos*, e primeiro filho do entomologista e extraordinário fotógrafo José Oiticica Filho, um dos principais nomes da moderna fotografia brasileira. Durante a infância, Hélio e seus irmãos (César e Cláudio) não frequentaram escolas, sendo educados em casa pelos pais. A situação só muda em 1947, quando a família se transfere para Washington D.C., EUA, onde José Oiticica Filho trabalha para o Instituto Smithsonian, através de uma bolsa da Fundação Guggenheim. Usufruindo de um rico ambiente cultural, a família reside no exterior por três anos. De volta ao Brasil, em época de intensa modernização e industrialização do país, Hélio começa a estudar pintura no Museu de Arte Moderna do Rio de Janeiro, ingressando o Grupo Frente, fundado por seu professor Ivan Serpa, e dando início às suas pinturas geométricas abstratas em guache sobre cartão, de fatura impecável.

Em meados dos anos 1950, trava contato com Mário Pedrosa, com o poeta e então crítico de arte Ferreira Gullar e com Lygia Clark, com quem manterá intensa amizade. Logo mais conhece os irmãos Augusto e Haroldo de Campos (com este último Hélio manterá uma rica comunicação epistolar durante o período em Nova York). Na ruptura entre concretos e neoconcretos, alinha-se com o grupo carioca (embora seu nome não conste entre os signatários do Manifesto Neoconcreto, de 1959), para mais tarde (em 1967) promover o encontro entre as várias vertentes da vanguarda brasileira em torno do conceito de "nova objetividade". No texto "Situação da vanguarda no Brasil", de novembro de 1966, escreve: "Toda minha evolução desde 1959 tem sido na busca do que vim a chamar recentemente de uma nova objetividade e creio ser esta a tendência específica da vanguarda brasileira atual". Nos textos dessa época, H.O. defende uma especificidade (e inclusive um pioneirismo) da vanguarda brasileira, que pratica a superação dos suportes tradicionais (como a pintura e a escultura) e gera novas ordens estruturais, que ele denomina de ordens ambientais, ou "objetos".

A trajetória poética de Hélio Oiticica, do construtivismo internacional dos primeiros trabalhos para os princípios da Nova Objetividade, se consuma de forma mais radical a partir do encontro do artista com o morro da Mangueira em 1964 (ano da morte de seu pai) e da criação do Parangolé (em um terreno baldio na zona norte do Rio, Hélio vislumbra uma construção precária construída por um mendigo, e em um pedaço de pano acredita ler a palavra "parangolé", que seria uma gíria para "agitação, alegria inesperada entre pessoas"). Hélio apaixona-se pelo espaço da favela, por suas trocas — pela alteridade. "Tudo começou com a formulação do Parangolé em 1964, com toda a minha experiência com o samba, com a descoberta dos morros, da arquitetura orgânica das favelas cariocas [...] e principalmente das construções espontâneas, anônimas, nos grandes centros urbanos — a arte das ruas, das coisas inacabadas, dos terrenos baldios etc.".

O artista chega à emblemática *Tropicália* (nome do projeto ambiental que monta na exposição "Nova Objetividade Brasileira" em 1967) por meio de um processo que se inicia dentro dos espaços da tradição da arte ocidental e que aos poucos se corrói na direção de uma experiência eminentemente brasileira. Essa transformação não é representacional, mas política, fundamentada na participação e na troca com o espectador, e deve ser compreendida como um alargamento do campo da arte para uma ação ética no corpo ampliado da cultura.

Mas1964 também é o ano do golpe civil-militar que, recrudescido com o golpe dentro do golpe e o AI-5 (ato institucional número 5, que deu poderes absolutos ao regime, que imediatamente fechou o Congresso Nacional) em dezembro de 1968, mergulhou o país numa ditadura obscurantista durante duas décadas. Gullar e Pedrosa são exilados. Lygia Clark muda-se para Paris. Hélio primeiro viaja para a Europa (em 1969 expõe na Whitechapel Gallery em Londres, com curadoria de Guy Brett) e depois fixa residência em Nova York, a princípio na Second Ave., com uma bolsa da Fundação Guggenheim, e depois na Christopher Street, no Village. São anos intensos, de extrema produtividade (apesar de ser acusado, nessa época, por parte da crítica, de ócio), inclusive no que diz respeito à escrita (em Nova York H.O. escreve compulsivamente, de forma desordenada, centenas de páginas que deveriam, um dia, tornar-se um livro, o *Newyorkaises*, e que foram publicados pela Azougue Editorial em 2012, com organização de César Oiticica Filho e Frederico Coelho, *Conglomerados Newyorkaises*). E também de extremas dificuldades.

Em meio aos seus gadgets e devices constantemente funcionando, aos seus Ninhos e Bólides, em Babylon, na Manhattan Brutalista, H.O., entre outras realizações, cria o conceito "quasi-cinema", em parceria com Neville D'Almeida, e realiza a série Cosmococa, intervenções em fotografias feitas com cocaína. O retorno ao Brasil se dá em 1978; novamente no Rio de Janeiro, em seu apartamento no Leblon (não longe do mar), Hélio parece remoçar e recuperar sua energia vital, como atestam, aliás, os títulos de seus últimos Penetráveis: Invenção da luz (concebido em 1978) e Azul in azul (concebido em 1979). No entanto, aos 43 anos de idade, H.O. morre no dia 29 de março de 1980, vítima de um acidente vascular cerebral, deixando uma obra vasta, ainda não totalmente conhecida, que resiste a toda tentativa de nomeação, e cujo impacto e importância parece se renovar na medida em que somos forçados a nos deparar com as questões a nós impostas pela contemporaneidade.

A obra de Hélio é inseparável do seu pensamento, o que fica expresso nos seus textos e entrevistas — onde conceitualiza e apresenta passo a passo a sua trajetória inovadora e coerente da pintura para além do quadro, a estrutura, a incorporação da dança e o ambiental. Os textos aqui reunidos são uma amostra do tom reflexivo e propositivo que o marcou. Dois dos textos aqui reproduzidos foram publicados com o autor ainda vivo: "Experimentar o experimental" foi publicado originalmente na revista *Navilouca*, editada por Torquato Neto e Waly Salomão em 1972. E "Brasil Diarreia" foi publicado no livro *Arte brasileira hoje*, organizado por Ferreira Gullar em 1973. Os outros textos só vieram a público postumamente: "A transição da cor do quadro para o pesçao e o sentido de construtividade", "Anotações sobre o parangolé" e "Crelazer" no livro *Aspiro ao grande labirinto*, organizado por Waly Salomão, Lygia Pape e Luciano Figueiredo em 1986. "Anotações conta-gotas" foi escrito originalmente para o livro inédito *Ondas do corpo*, do artista visual Antonio Manuel. Assim como "o q faço é música", foi publicado originalmente no livro *Museu é o mundo*, organizado por César Oiticica Filho e editado pela Azougue Editorial em 2010.

Todos estes textos estão entre os mais importantes ensaios de Hélio Oiticica, um artista cujo pensamento e a escrita possuem papel central na obra e possibilitam, como bem definiu Mário Pedrosa, realizar um "exercício experimental da liberdade".

a TRANSição Da COR DO QuaDRO PaRa o espaço e o seNTiDO De CONSTRUTiViDaDe

Toda a minha transição do quadro para o espaço começou em 1959. Havia eu, então, chegado ao uso de poucas cores, ao branco principalmente, com duas cores diferenciadas ou até os trabalhos em que usava uma só cor, pintada em uma ou duas direções. Isso, a meu ver, não significava somente uma depuração extrema, mas a tomada de consciência do espaço como elemento totalmente ativo, insinuando-se, aí, o conceito de tempo. Tudo o que era antes fundo, ou também suporte para o ato e a estrutura da pintura, transforma-se em elemento vivo; a cor quer manifestar-se íntegra e absoluta nessa estrutura quase diáfana, reduzida ao encontro dos planos ou à limitação da própria extremidade do quadro. Paralelamente segue-se a própria ruptura da forma retangular do quadro. Nas Invenções, que são placas quadradas e aderem ao muro (30 cm de lado), a cor aparece num só tom. O problema estrutural da cor apresenta-se por superposições; seria a verticalidade da cor no espaço, e a sua estruturação de superposição. A cor expressa aqui o ato único, a duração que pulsa nas extremidades do quadro, que por sua vez se fecha em si mesmo e se recusa a pertencer ao muro ou a se transformar em relevo. Há então na última camada, a que está exposta à visão, uma influência das camadas posteriores, que se sucedem por baixo. Aqui, creio que descobri, para mim, a técnica que se transforma em expressão, a integração das duas, o que será importante futuramente. Vem então o princípio: "Toda arte verdadeira não separa técnica da expressão; a técnica corresponde ao que expressa a arte, e por isso não é algo artificial que se 'aprende' e é adaptado a uma expressão, mas está indissoluvelmente ligada à mesma". É, pois, a técnica também de ordem física, sensível e transcendental. A cor, que começa a agir pelas suas propriedades físicas, passa ao campo sensível para primeira interferência do artista, mas só atinge o campo da arte, ou seja, da expressão, quando o seu sentido está ligado a um pensamento ou a uma ideia, ou a uma atitude, que não aparece aqui conceitualmente, mas que se expressa; sua ordem, pode-se dizer então, é puramente transcendental. O que digo, ou chamo de "uma grande ordem da cor", não é a sua formulação analítica em bases puramente físicas ou psíquicas, mas a interrelação dessas duas com o que quer a cor expressar, pois tem ela de estar ligada ou a uma dialética ou a um fio de pensamentos e ideias intuitivas para atingir o seu máximo objetivo, que é a expressão. Considero essa fase da máxima importância em relação ao que se segue, e sem sua compreensão creio que se torna difícil a compreensão da dialética da experiência a que denomino como estruturas cor no espaço e no tempo.

A chegada à cor única, ao puro espaço, ao cerne do quadro, me conduziu ao próprio espaço tridimensional, já aqui com o achado do sentido de tempo. Já não quero o suporte do quadro, um campo a priori onde se desenvolva o "ato de pintar", mas que a própria estrutura desse ato se dê no espaço e no tempo. A mudança não é só dos meios, mas da própria concepção da pintura como tal: é uma posição radical em relação à percepção do quadro, à atitude contemplativa que o motiva, para uma percepção de estruturas-cor no espaço e no tempo, muito mais ativa e completa no seu sentido envolvente. Dessa nova posição e atitude foi que nasceram os Núcleos e os Penetráveis, duas concepções diferentes, mas dentro de um mesmo desenvolvimento. Antes de chegar ao Núcleo e ao Penetrável, compus uma série que constituía já os elementos dessas duas concepções, mas ainda concentrados numa peça só suspensa no espaço. Essa série é não só a primeira no espaço, mas também a primeira a manifestar os fundamentos conceituais, plásticos e espirituais do Núcleo e do Penetrável.

O Núcleo, que em geral consiste numa variedade de placas de cor que se organizam no espaço tridimensional (às vezes até em número de 26), permite a visão da obra no espaço (elemento) e no tempo (também elemento). O espectador gira a sua volta, penetra mesmo dentro do seu campo de ação. A visão estática da obra, de um ponto só, não a revelará em totalidade; é uma visão instável a sua; melhor dizendo uma visão cíclica. Já nos Núcleos mais recentes, o espectador movimenta essas placas (penduradas no seu teto), modificando a posição das mesmas. A visão da cor, "visão" aqui no seu sentido completo: físico, psíquico e espiritual, se desenrola como um complexo fio (desenvolvimento nuclear da cor) cheia de virtualidades. À primeira vista o que chamo de desenvolvimento nuclear da cor pode parecer, e o é em certo sentido, uma tentativa de trabalhar somente no sentido da cor tonal, mas na verdade situa-se em outro plano muito diferente do problema da cor. Pelo fato de partir esse desenvolvimento de um determinado tom de cor e evoluir até outro, sem pulsos, a passagem de um tom para o outro se dá de maneira muito sutil, em nuances. A pintura tonal, em todas as épocas, tratava de reduzir a plasticidade da cor para um tom com pequenas variações; seria assim uma amenização dos contrastes para integrar toda a estrutura num clima de serenidade; não se tratava propriamente dito de "harmonização da cor", se bem que não a excluísse, é claro. O desenvolvimento nuclear que procuro não é a tentativa de "amenizar" os contrastes, se bem que o faça em certo sentido, mas de movimentar virtualmente a cor, em sua estrutura mesma, já que para mim a dinamização da cor pelos contrastes se acha esgotada no momento, como a justaposição de dissonantes ou a justaposição de complementares. O desenvolvimento nuclear antes de ser "dinamização da cor" é a sua duração no espaço e no tempo. É a volta ao núcleo da cor, que começa na procura da sua luminosidade intrínseca, virtual, interior, até o seu movimento do mais estático para a duração; como se ela pulsasse de dentro do seu núcleo e se desenvolvesse. Não se trata, pois, de problema de cor tonal propriamente dito, mas por seu caráter de indeterminação (que também preside muitas vezes o problema de cor tonal), de uma busca dessa "dimensão infinita" da cor, em interrelação com a estrutura, o espaço e o tempo. O problema, além de novo no sentido plástico, se firma no sentido puramente transcendental de si mesmo. Se tomo, por exemplo, um tom qualquer de amarelo-claro e o desenvolvo para mais escuro de passagem, até o seu esverdeamento, sem chegar ao verde, não faço somente um desenvolvimento literal linear da cor, como além do movimento estrutural de que falei, indico determinadas direções, que seriam como se fossem pontos de fuga da cor em relação a si mesma: há um subir e descer de intensidade, um vai e vem de movimento, evidentemente diretamente ligado à estrutura da obra, pois a cor não é por si independente. Seria não só pulsação ótica, mas uma realização de aspirações indeterminadas que só aí posso exprimir. Não o conseguiria pela palavra escrita ou oral, nem através de outro meio plástico qualquer. Não se trata também só do sentido psicológico desse movimento interior, como a sua realização e o diálogo que se estabelece entre o espectador e a obra. É uma realização existencial no mais elevado sentido da palavra. Essa contraposição que faz o diálogo é que mantém a vitalidade da obra e a sua comunicação expressiva.

No Penetrável, decididamente, a relação entre o espectador e a estrutura-cor se dá numa integração completa, pois que, virtualmente, é ele colocado no centro da mesma. Aqui a visão cíclica do Núcleo pode ser considerada uma visão global ou esférica, pois que a cor se desenvolve em planos verticais e horizontais, no chão e no teto. O teto, que no Núcleo ainda funciona como tal, apesar da cor também o atingir, aqui é absorvido pela estrutura. O fio do desenvolvimento estrutural-cor se desenrola aqui acrescido de novas virtualidades, muito mais completo, onde o sentido de envolvimento atinge o seu auge e a sua justificação. O sentido de apreender o "vazio" que se insinuou nas Invenções chega à sua plenitude através da valorização de todos os recantos do Penetrável, inclusive o que é pisado pelo espectador, que por sua vez já se transformou no "descobridor da obra", desvendando-a parte por parte. A mobilidade das placas de cor é maior e mais complexa que no Núcleo móvel.

A criação do Penetrável permitiu-me a invenção dos projetos, que são conjuntos de Penetráveis, entremeados de outras obras, incluindo as de sentido verbal (poemas) unido ao plástico propriamente dito. Esses projetos são realizados em maqueta para serem construídos ao ar livre e são acessíveis ao público, em forma de jardins. No primeiro (Projeto "Cães de Caça") há bastante espaço para que, como quis eu ao fazê--lo, sejam aí realizados concertos musicais ao ar livre, além das obras que existiriam compondo o projeto. Para mim a invenção do Penetrável, além de gerar a dos projetos, abre campo para uma região completamente inexplorada da arte da cor, introduzindo aí um caráter coletivista e cósmico e tornando mais clara a intenção de toda essa experiência, no sentido de transformar o que há de imediato na vivência cotidiana em não-imediato; em eliminar toda relação de representação da conceituação que porventura haja carregado em si a arte. O sentido de arte pura atinge aqui sua justificação lógica. Pelo fato de não admitir a arte, no ponto a que chegou seu desenvolvimento neste século, quaisquer ligações extraestéticas ao seu conteúdo, chega-se ao sentido de pureza. "Pureza" significa que já não é possível o conceito de "arte pela arte", ou tampouco querer submetê-la a fins de ordem política ou religiosa. Como diria Kandinsky no Espiritual da arte, tais ligações e conceitos só predominam em fase de decadência cultural e espiritual. A arte é um dos pináculos da realização espiritual de homem e é como tal que deve ser abordada, pois de outro modo os equívocos são inevitáveis. Trata-se, pois, da tomada de consciência da problemática essencial da arte e não de um enclausuramento em qualquer trama de conceitos ou dogmas, incompatíveis que são com a própria criação.

Enquanto para mim os primeiros Núcleos são a culminância da fase anterior das primeiras estruturas no espaço, o Penetrável abre novas possibilidades ainda não exploradas dentro desse desenvolvimento, a que se pode chamar construtivo, da arte contemporânea. Um esclarecimento se faz necessário aqui, sobre o que considero "construtivo". Mário Pedrosa foi o primeiro a sugerir de que se trata essa experiência de um novo construtivismo, e creio ser esta uma denominação mais ideal e importante para a consideração dos problemas universais que desembocam aqui através dos múltiplos e sucessivos desenvolvimentos da arte contemporânea. A tendência, porém, é a de abominar os "neos", "novos" etc., pois poderiam retomar como indicação a relação com certos "ismos" do passado imediato da arte moderna. Cabe nesse caso reconsiderar aqui o que seja construtivismo, já que foi esse o termo usado para a experiência dos russos de vanguarda em geral (Tatlin, Lissistky e mesmo Malevitch) e para Pevsner e Gabo em particular, que publicaram inclusive o Manifesto do Construtivismo. Ora, apesar das ligações que existiram entre o que se faz hoje e o construtivismo russo, não creio que se justificaria só por isso o termo "novo construtivismo". O fato real, porém, é que se torna inadiável e necessária uma reconsideração do termo "construtivismo" ou "arte construtiva" dentro das novas pesquisas em todo o mundo. Seria pretensioso querer considerar, como o fazem teóricos e críticos puramente formalistas, como construtivo somente as obras que descendem dos movimentos construtivista, suprematista e neoplasticista, ou seja, a chamada "arte geométrica", termo horrível e deplorável tal a superficial formulação que o gerou, que indica claramente o seu sentido formalista. Já os mais claros procuraram substituir "arte geométrica" por "arte construtiva", que, creio eu, poderá abranger uma tendência mais ampla na arte contemporânea, indicando não uma relação formal de ideias e soluções, mas uma tendência estrutural dentro desse panorama. Construtivo seria uma aspiração visível em toda a arte moderna, que aparece onde não esperam os formalistas, incapazes que são de fugir às simples considerações formais. O sentido de construção está estritamente ligado à nossa época. É lógico que o espírito de construção frutificou em todas as épocas, mas na nossa esse espírito tem um caráter especial; não a especialidade formalista que considera "construtiva" a forma geométrica nas artes, mas o espírito geral, que desde o aparecimento do cubismo e da arte abstrata (via Kandinsky) anima os criadores do nosso século. Do cubismo saíram Malevitch, Mondrian, Pevsner, Gabo etc.; já Kandinsky lançou bases estas puramente construtivas. Houve o ponto de encontro entre os que derivam do cubismo e as teorias kandinskianas da arte abstrata, tornando-se quase impossível saber onde um influenciou o outro, tal a reciprocidade das influências. É essa sem dúvida a época da construção, construção do mundo do homem, tarefa a que entregam, por máxima contingência, os artistas que fundam novas relações estruturais, na pintura (cor) e na escultura, e abrem novos sentidos de espaço e do tempo, os que acrescentam novas visões e modificam a maneira de ver e sentir, portanto, os que abrem novos rumos na sensibilidade contemporânea, os que aspiram a uma hierarquia espiritual da construtividade da arte. A arte aqui não é sintoma de crise, ou da época, mas funda o próprio sentido da época, constroi os seus alicerces espirituais, findando-se nos elementos primordiais ligados ao mundo físico, psíquico e espiritual, a tríade da qual se compõe a própria arte. Dentro dessa visão, pode-se considerar construtivos artistas tão diversos no seu modo formal, e na maneira como concebem a gênese de sua obra, mas ligados por um liame de aspirações tão geral e universal e por isso mesmo mais perene e válido, como Kandinsky e Mondrian (os arquiconstrutores da arte moderna), Klee, Arp, Tauber-Arp, Schwitters, Malevitch, Calder, Kupka, Magnelli, Jacobsen, David Smith, Brancusi, Picasso e Braque (no cubismo, que aparece como um dos movimentos mais importantes como força construtiva, que gerou movimentos como suprematismo, neoplasticismo etc.) também Juan Gris, Gabo e Pevsner, Boccioni (principalmente na escultura, revela-se hoje como o antecessor dos construtivistas e Max Bill), Max Bill, Baumeister Dorazio, o escultor Etienne-Martin; pode-se dizer que Wols foi o "construtor do indeterminado"; Pollock, o construtor da "hiper-ação"; há os artistas que usam os elementos do mundo mineral para construir (não os do "novo realismo", pois estes, como me fez ver Mário Pedrosa, não se revelam pela "construção", mas pelo "deslocamento transposto" dos objetos do mundo físico para o campo de expressão, enquanto que os construtores transformam esses elementos — pedra, metal — em elementos plásticos segundo a sua vontade de ordem construtiva), e entre nós mesmos, há o caso de Jackson Ribeiro; há os que constroem a cor--movimento como Tinguely, ou transformam a escultura numa estrutura dinâmico-espacial, como Schöffer; Lygia Clark, cuja experiência pictórica contribui decisivamente para a transformação do quadro, principalmente quando descobre o que chamou "vazio pleno", cria a estrutura transformável ("Bichos") pelo movimento gerado pelo próprio espectador, sendo a pioneira de uma nova estrutura ligada ao sentido de tempo, que não só abre um novo campo na escultura como que funda uma nova forma de expressão, ou seja, aquela que se dá na transformação estrutural e na dialogação temporal do espectador e da obra, numa rara união, que a coloca no nível dos grandes criadores; Louise Nevelson é a construtora dos espaços-mudos dos nichos; Yves Klein o construtor da cor-luz, que ao se despojar da policromia milenar da pintura chegou às Monocromias, obras fundamentais na experiência da cor e com as quais Restany observou relações com a minha experiência (aliás, é preciso considerar que o despojamento do quadro até chegar a uma cor, ou quase a isso, verifica-se em vários artistas, de várias maneiras: em Lygia Clark — Unidades — e nas minhas Invenções com um caráter estrutural, que tende ao espaço tridimensional; em Klein há um meio termo entre a vontade monocrômica do espaço e a tendência ao espaço tridimensional, e é preciso notar que chegou às famosas esponjas de cor; já em artistas como Martin Barré e Hércules Barsotti predomina a tendência que preside à transformação do "espaço branco" que começou com Malevitch, e se transformou no campo de ação formal com os concretos, em pura ação plena, na chegada ao branco-luz purificador, propondo caminhos tentadores para a sua evolução; a posição de Aluísio Carvão se assemelha a de Klein no que se refere à alternância entre o quadro e a expressão no espaço, mas diferindo profundamente como atitude ética e teórica — a meu ver Carvão tende a uma tactilidade da cor quando se lança na fascinante ideia de pintar tijolos e cubos, chegando intuitivamente ao sentido de "corpo da cor", livrando-se da implicância da estrutura do quadro e chegando à cor pura a que aspirava; em Dorazio há a procura da micro-estrutura-cor através da luminosidade-cromática ligada à fragmentação micrométrica do plano do quadro em textura; é preciso notar que a luminosidade, ou melhor, o sentido de cor-luz é geral nessas experiências, inclusive em Lygia Clark quando usa o preto, que aí não é "negação da luz", mas uma "luz-escura" em contraponto às linhas-luz em branco, que regam o plano estruturalmente); há certos artistas que constroem esculturas que se relacionam de tal modo à arquitetura como para se integrarem nela, como André Bloc e Alina Slensinska; Willys de Castro, que propõe um novo sentido de policromia nos seus "objetos ativos", dentro de problemas de refração da luz que ataca de outro modo em relação ao que já foi feito, por exemplo, por Victor Pasmore; enfim, não quero catalogar historicamente nem dizer que aqui citei todos os construtores, pois falarei somente sobre os que interessam de uma maneira ou outra à transição do quadro para o espaço ou a uma nova concepção de estruturas no espaço e no tempo, ou que conseguem sintetizar certos problemas que surgiram na evolução da arte moderna; há ainda, por exemplo, Amílcar de Castro, que integra polaridades: estruturas rigorosas a uma matéria indeterminada, ou mais recentemente usa a cor no sentido escultórico — forma com Lygia Clark e Jackson Ribeiro, o trio dos grandes escultores brasileiros de vanguarda, tal o sentido altamente plástico de suas obras (considero-o o metaescultor brasileiro, pois se situa na fronteira onde se encontram escultura e cor, rigor e indeterminação); que dizer de Auguste Herbin, o grande primitivo da construção, cujas teorias de cor revelam-se hoje importantes para os que querem desenvolver a policromia; e Delaunay, um dos mais puros artistas do século, campeão da cor, a quem reverencio comovidamente — como não o considerar um construtor, no sentido mais rigoroso do termo? (foi, na verdade, um grande construtor da cor no nosso século); Fontana, criador do espacialismo, cujas teorias são importantes na dialética da transformação do quadro, acrescidas de uma rica e multiforme experiência; Albers, que desenvolveu o espaço ambivalente do quadro na fase de homenagens ao quadrado, pela superposição de planos de cor que possuem relação fundamental com o próprio quadrado do quadro, e nas gravuras em preto e branco (Constelações) utiliza e transpõe para o campo da expressão, elementos óticos pictóricos desenvolvidos das suas experiências na Bauhaus (Klee foi o primeiro a usar esses elementos em certa fase de 1930, da qual o quadro mais importante é o que possui o título "Em suspenso"); ainda no problema espacial-estrutural, num meio termo entre o quadro e espaço, situam-se as mais novas experiências do relevo, termo que é usado para uma diversidade de obras, tais como as de Argam (relevo cinético), Tomasello, Kobasho ("Colônia de Relevos), Lardera, Jacobsen, Isobé, Lygia Clark ("Contra-relevos" e "Casulos"), Di Teana, Vasarely (cinetismo pictórico), Vantongerloo, são nomes importantes que me ocorrem, nos EUA. Certos pintores conseguem realizar sínteses importantes: Willem de Kooning sintetiza problemas de cor nas suas magistrais telas onde a pincelada direta constroi e estrutura cor e espaço. No dizer de Dore Ashton, o espaço kooningiano prolonga-se virtualmente para trás da tela, tal a tendência que possui de extravasá-la. As grandes pinceladas constroem planos amorfos de cor, que se superpõem e se interpenetram, logrando assim sintetizar estrutura e cor, espaço e ação do pintar. Mark Rothko, ao contrário de Kooning, não tende à mobilidade virtual do espaço pictórico, mas a uma imobilidade contemplativa, onde a sensibilidade afinadíssima equilibra-se com a perturbadora sensualidade da cor. Enquanto que Yves Klein, por exemplo, reduz o quadro à monocromia anunciando-lhe o fim, Rothko quase chega à monocromia, mas não propõe o fim e sim justifica o sentido do quadro. A posição de Carvão assemelha-se à de Rothko, apesar da experiência dos tijolos; mas a reverência ao quadro e o sentido de tactilidade da cor os aproximam bastante. Rothko tende, no entanto, à monumentalidade da cor, e o que o coloca num plano realmente atual é o sentido que dá à cor de "corpo", de "cor-cor", agindo esta na sua máxima luminosidade, mesmo nos baixos tons. O quadro é então também "corpo da cor". Espaço e estrutura são subsidiários da vontade de cor da sua necessidade de encorporação. Mark Tobey transforma em escrita plástica toda a ação do pintar. Cor, estrutura e espaço se concatenam e se expressam através de uma verdadeira escritura, que ora se apresenta sob forma milimétrica, subdividindo a tela em mil fragmentos, ora cresce e se transforma em signo de espaço. Supera sempre o que seria o "fundo", pois à medida que trabalha, o quadro cresce como se fora uma planta, e faz a perfeita união de todas as suas partes. A meu ver, chega ao limite da concepção do quadro, que atinge aqui uma dimensão infinita, incomensurável, e lhe serve para expressar o ato de pintar, (de colorir e estruturar) numa escritura que não possui nem começo, nem fim. Difere então profundamente dos calígrafos orientais, pois para ele a escritura plástica é pretexto para estruturar cor e espaço, enquanto que para aqueles a caligrafia é a maneira de externar vivências através de impulsos quase que respiratórios, desconhecendo no seu processo, problemas de ordem intelectual-conceitual que costumam atuar no ocidental, e do qual não foge também Tobey. Apesar da influência oriental, sua problemática é profundamente ocidental na sua gênese. Sua pintura não se caracteriza pela contemplatividade, não se contenta na contemplação ideal, mas é permanentemente solicitação de energias, móvel dentro da relativa serenidade, dentro da sua microestrutura, quase sempre formigante. Sintetiza magistralmente signo e cor, estrutura e espaço, que se confundem aqui com o próprio ato de pintar. Jackson Pollock realiza uma das maiores sínteses da pintura moderna. Se de Kooning sintetiza problemas de cor, já a contribuição de Pollock parte da estrutura. Provoca um verdadeiro abalo sísmico na própria estrutura do quadro. É famoso seu processo de trabalho quando entra no quadro, estendido no chão, e pinta dentro do quadro. Sua pintura, o "ato de pintar", já se dá virtualmente no espaço, quebrando assim todo e qualquer privilégio do quadro de cavalete. A ação é todo o começo da gênese da estrutura, da cor e do espaço; é o "princípio gerador" da pintura pollockiana. Sua atitude diante dos problemas da pintura o coloca ao lado de artistas como Kandinsky e Mondrian, pela sua radicalidade completa e pela precisão das suas intenções, já pressentia a necessidade da cor se expressar no espaço, chegando a considerar caducar as soluções do quadro de cavalete. Nele, a vontade de síntese junta-se à de liberdade de expressão ou, como o diz

Herbert Read, a vontade de dar expressão direta às sensações junta-se a de criar uma pura harmonia. Ainda segundo Read, e é verdade, essa dicotomia não só representa o caso Pollock como toda a atmosfera da arte moderna. O próprio artista abominava a ideia de uma "arte americana", pois os problemas básicos da sua eram os da arte no mundo inteiro. Reduz o quadro ao "campo da hiper-ação", primeira condição para que já seja uma arte do espaço, da estrutura, da cor, sendo que o tempo nasce aí da dissonância entre a ação e o seu campo de expressão (extensão do quadro).

É preciso acentuar em alguns desses artistas, mas em outros, mesmo que construtivos, apenas se insinua. Há os artistas que realizam uma síntese geral de certos movimentos contemporâneos da expressão plástica; outros abrem novos caminhos, mas por isso mesmo ainda não realizam uma síntese, nem das suas experiências individuais, nem dos caminhos gerais da arte. Os que criam, porém, é fermento da arte futura, que nada deve ao passado imediato na sua fúria anticultural. Há outros ainda, que não só procuram criar uma nova maneira de se exprimir, mas que também aspiram a uma grande síntese que englobe os pensamentos, os conceitos e as aspirações mais gerais da arte de hoje. Essa grande síntese pode ser apenas entrevista em certos artistas e em certos movimentos, e serão sempre os construtores que melhor a realizarão, pois que a época da destruição de sentidos de espaço, estrutura e tempo, relacionados à percepção naturalista nas artes, já passou. De posse de um manancial riquíssimo de elementos plástico-criativos, que se renovam e surpreendem dia a dia, os artistas que entreveem um futuro de síntese na arte de agora rejubilam-se na sua faina construtora, dando a esses elementos esparsos, os multiformes, o seu sentido de forma. O conceito de forma, aqui, já possui outro caráter, pois que os elementos que a constituem não são os tradicionais, ligados a uma concepção analítica do espaço, do tempo e da estrutura. A contradição sujeito-objeto assume outra posição nas relações entre o homem e a obra. Essa relação tende a superar o diálogo contemplativo entre o espectador e a obra, diálogo em que ela se constituía numa dualidade: o espectador buscava na "forma ideal", fora de si, o que lhe emprestasse coerência interior, pela sua própria "idealidade". A forma era então buscada e burilada numa ânsia de encontrar o eterno, infinito e imóvel, no mundo dos fenômenos, finito e cambiante. O espectador situava-se, então, num ponto estático de receptividade, para poder iniciar o estabelecimento de um diálogo, pela contemplação das formas expressivas ideais, com a obra de arte, cujo universo sintético e coerente lhe provia a tão buscada ânsia de infinito. O "quadro" seria, pois, o suporte da expressão contemplativa onde o espectador, o homem, realiza a sua vontade de síntese entre o que é indeterminado e mutável (o mundo dos objetos) e a sua aspiração de infinito, através da transposição imagética desses mesmos objetos para o plano das formas ideais. Seria, então, o quadro, a sua concepção e a sua englobação do mundo dos objetos, mundo este que se constituindo no elemento de polaridade em relação ao sujeito, ao se transpor para o campo da expressão através de imagens, liga-se às formas ideais intuídas pelo próprio sujeito, logrando assim pela acentuação da dualidade sujeito-objeto, a sua resolução (alternância). Neste século a revolução que se verificou no campo da arte está intimamente ligada às transformações que acontecem nessa relação fundamental da existência humana. Já não quer o sujeito (espectador) resolver a sua contradição em relação ao objeto pela pura contemplação. Os campos da sensibilidade e da intuição se alargaram, sua visão do mundo se aguçou tanto na direção de uma concepção microcósmica como na de outra macrocósmica. Ciência e psicologia evoluíram vertiginosamente, superando a posição de alternância que caracterizava o homem clássico diante do mundo. Que é então o mundo para o artista criador? Como estabelecer relações com ele? Duas posições bem definidas aparecem na resolução desse problema: aquela na qual o artista, para criar, mergulha no mundo, na sua microestrutura, e a sua realidade é determinada pelo movimento divinatório microcósmico da sua intuição dentro desse mundo; a outra na qual o artista não deseja diluir-se e entrar em cópula com o mundo, e a sua realidade seria uma super-realidade baseada no conceito de absoluto, que não exclui também um movimento divinatório, que aqui já possui um caráter macrocósmico. Tanto numa quanto noutra há a tendência em superar a "alternância" entre aparência e ideia, que se colocam aqui como níveis de um mesmo processo dentro da realidade. Seria isso a razão profunda que está por trás da formulação de Herbet Read, de que enquanto a arte anterior se constituía numa representação, a moderna tende a ser uma apresentação? Forma é então uma síntese de elementos tais como espaço e tempo, estrutura e cor, que se mobilizam reciprocamente. Quando uma escultora como Lygia Clark, por exemplo, articula triângulos, círculos, secções deste e do quadrado, sua preocupação, e o que faz, é buscar uma estrutura que desenvolva no espaço e no tempo, sendo que a forma é apreendida à medida que esses elementos entram em ação, ligados nesse caso à participação do espectador. Triângulos, círculos e quadrados não são o "fim formal" dessa escultura, mas elementos que criam a estrutura, que ao se desenvolver no espaço e no tempo, como Wols, por exemplo, cujos elementos são totalmente diferentes dos de Clark, aspira também à criação de uma estrutura; eis uma declaração sua: "Quantidade e medida já não são a preocupação central da matemática e da ciência [...] a estrutura emerge como a chave da nossa sabedoria e o controle do nosso mundo — estrutura mais do que a relação entre causa e efeito". A sua seria uma microestrutura em cuja apreensão formal entram os elementos espaço-tempo e cor num diálogo eternamente móvel dentro do quadro. O conceito de forma, pois, toma um sentido totalmente novo nas criações de uma estrutura que se desenvolve no espaço e no tempo. Esse problema requer estudo mais longo e detalhado, que não pode ser feito aqui, principalmente sobre a evolução do quadro, e a sua transformação agora para uma arte do espaço e do tempo.

As reconsiderações sobre o "sentido de construtividade" e a visão de uma nova síntese nos levam a achar perfeitamente aceitável a proposta de Mário Pedrosa quanto à denominação de "novo construtivismo" para essas experiências e de "construtores" para os artistas nelas empenhados. Pedrosa é o grande crítico, e entre nós o mais autorizado em relação às criações de vanguarda, sendo sua posição a mais ideal para julgá-las, pelo fato de ser esta não-sectária e não-dogmática, fugindo ao mesmo tempo do ecletismo pelo seu caráter objetivo e coerente, procurando sempre um nível universal de considerações para a abordagem dos problemas relativos à criação artística. Sua visão no que se refere às novas tendências é apuradíssima e suas ideias propiciam um porvir mais otimista para a arte de vanguarda em geral. Por que ser pessimista, como o fazem muitos, diante dos testemunhos desses artistas? Não são eles, somente, representantes da grande arte deste século, ou grandes individualistas, mas abrem os caminhos mais positivos e variados a que aspira toda a sensibilidade do homem moderno, ou seja, a de transformar a própria vivência existencial, o próprio cotidiano, em expressão, uma aspiração que se poderia chamar de mágica, tal a transmutação que visa operar no modo de ser humano, e da qual estão por certo afastadas quaisquer teorias de ordem naturalista.

anotações sobre o parangolé

Desde o primeiro "estandarte", que funciona com o ato de carregar (pelo espectador) ou dançar, já aparece visível a relação da dança com o desenvolvimento estrutural dessas obras da "manifestação da cor no espaço ambiental". Toda a unidade estrutural dessas obras está baseada na "estrutura-ação" que é aqui fundamental; o "ato" do espectador ao carregar a obra, ou ao dançar ou correr, revela a totalidade expressiva da mesma na sua estrutura: a estrutura atinge aí o máximo de ação própria no sentido do "ato expressivo". A ação é a pura manifestação expressiva da obra. A ideia da "capa", posterior à do estandarte, já consolida mais esse ponto de vista: o espectador "veste" a capa, que se constitui de camadas de pano de cor que se revelam à medida que este se movimenta correndo ou dançando. A obra requer aí a participação corporal direta; além de revestir o corpo, pede que este se movimente, que dance em última análise. O próprio "ato de vestir" a

"

obra já implica uma transmutação expressivo-corporal do espectador, característica primordial da dança, sua primeira condição.

6 DE MAIO DE 1965

A criação da "capa" (já realizadas a 1 e 2) veio trazer não só a questão de considerar um "ciclo de participação" na obra, isto é, um "assistir" e "vestir" a obra para a sua completa visão por parte do espectador, mas também a de abordar o problema da obra no espaço e no tempo não mais como se fosse ela "situada" em relação a esses elementos, mas como uma "vivência mágica" dos mesmos.

Não há aí a partida da valorização obra-espaço e obra-tempo, ou melhor, obra-espaço-tempo, para a consideração da sua transcendentalidade como obra-objeto no mundo ambiental. Toda a minha evolução que chega aqui à formulação do Parangolé visa a essa incorporação mágica dos elementos da obra como tal, numa vivência total do espectador, que chamo agora "participador". Há como que a instituição e um "reconhecimento" de um espaço intercorporal criado pela obra ao ser desdobrada. A obra é feita para esse espaço, e nenhum sentido de totalidade pode-se dela exigir como apenas uma obra situada num espaço-tempo ideal exigindo ou não a participação do espectador. O "vestir", sentido maior e total da mesma, contrapõe-se ao "assistir", sentido secundário, fechando assim o ciclo "vestir-assistir". O vestir já em si constitui numa totalidade vivencial da obra, pois ao desdobrá-la tendo como núcleo central o seu próprio corpo, o espectador como que já vivencia a transmutação espacial que aí se dá: percebe ele na sua condição de núcleo estrutural da obra o desdobramento vivencial desse espaço intercorporal. Há como que uma violação do seu estar como "indivíduo" no mundo, diferenciado e ao mesmo tempo "coletivo", para o de "participador" como centro motor, núcleo, mas não só "motor" como principalmente "simbólico", dentro da estrutura-obra. É esta a verdadeira metamorfose que aí se verifica na interrelação espectador-obra (ou participador-obra). O assistir já conduz o participador para o plano espaço-temporal objetivo da obra, enquanto que no outro esse plano é dominado pelo subjetivo-vivencial; há aí a completação da vivência inicial do vestir. Como fase intermediária poder-se-ia designar a do vestir-assistir, isto é, ao vestir uma obra vê o participador o que se desenrola em "outro", que veste outra obra, é claro. Aqui o espaço-tempo ambiental transforma-se numa totalidade "obra-ambiente"; há a vivência de uma "participação coletiva" Parangolé, na qual a "tenda", isto é, o "Penetrável Parangolé" assume uma função importante: é ele o "abrigo" do participador, convidando-o a também nele participar, acionando os elementos nele contidos (sempre manualmente ou com todo o corpo, nunca mecanicamente, como seja: acionar botões que põem em movimento elementos etc. Quando para a ação corporal do espectador, para o movimento; aliás, é importante notar os elementos "ação" e "pausa" no desenrolar da participação como elementos da "ação total": é aí a obra muito mais "obra-ação" do que a antiga action-painting, puramente plasmação visual da ação e não a ação mesma transformada em elemento da obra como aqui).

O Parangolé revela então o seu caráter fundamental de "estrutura ambiental", possuindo um núcleo principal: o participador-obra, que se desmembra em "participador" quando assiste, e "obra" quando assistida de fora nesse espaço-tempo ambiental. Esses núcleos participador--obra ao se relacionarem num ambiente determinado (numa exposição, por exemplo) criam um "sistema ambiental" Parangolé, que por sua vez poderia ser "assistido" por outros participadores de fora.

Daí para o estabelecimento perceptivo de relações entre a estrutura Parangolé, vivenciada pelo participador, e outras estruturas características do mundo ambiental, surge o que chamo de "vivência-total Parangolé", que é sempre acionada pela participação do sujeito nas obras e lançada no mundo ambiental como que querendo decifrar a sua verdadeira constituição universal transformando-o em "percepção criativa". Importa aqui, agora, procurar determinar a influência de tal ação no comportamento geral do participador; seria isto uma iniciação às estruturas perceptivo-criativas do mundo ambiental? Toda obra de arte, no fundo, o é; resta saber aqui qual a especificidade característica nessa concepção do que seja o Parangolé.

12 DE NOVEMBRO DE 1965 - A DANÇA NA MINHA EXPERIÊNCIA

Antes de mais nada é preciso esclarecer que o meu interesse pela dança, pelo ritmo, no meu caso particular o samba, me veio de uma necessidade vital de desintelectualização, de desinibição intelectual, da necessidade de uma livre expressão, já que me sentia ameaçado na minha expressão de uma excessiva intelectualização. Seria o passo definitivo para a procura do mito, uma retomada desse mito e uma nova fundação dele na minha arte. É portanto, para mim, uma experiência de maior vitalidade, indispensável, principalmente como demolidora de preconceitos, estereotipações etc. Como veremos mais tarde, houve uma convergência dessa experiência com a forma que tomou a minha arte no Parangolé e tudo o que a isto se relaciona (já que o Parangolé influenciou e mudou o rumo de Núcleos, Penetráveis, Bólides). Não só isso, como que foi o início de uma experiência social definitiva e que nem sei que rumo tomará.

A dança é por excelência a busca do ato expressivo direto, da iminência desse ato; não a dança de balé, que é excessivamente intelectualizada pela inserção de uma "coreografia" e que busca a transcendência desse ato, mas a dança "dionisíaca", que nasce do ritmo interior do coletivo, que se externa como característica de grupos populares, nações etc. A improvisação reina aqui no lugar da coreografia organizada; em verdade, quanto mais livre a improvisação, melhor; há como que uma imersão no ritmo, uma identificação vital completa de gesto, do ato com o ritmo, uma fluência onde o intelecto permanece como obscurecido por uma força mítica interna individual e coletiva (em verdade não se pode aí estabelecer a separação). As imagens são móveis, rápidas, inapreensíveis — são o oposto do ícone, estático e característico das artes ditas plásticas — em verdade a dança, o ritmo, são o próprio ato plástico na sua crudeza essencial — está aí apontada a direção da descoberta da imanência. Esse ato, a imersão no ritmo, é um puro ato criador, uma arte — é a criação do próprio ato, da continuidade; é também, como o são todos os atos da expressão criadora, um criador de imagens — aliás, para mim, foi como que uma nova descoberta da imagem, uma recriação da imagem, abarcando, como não poderia deixar de ser, a expressão plástica da minha obra.

A derrubada de preconceitos sociais, das barreiras de grupos, classes etc., seria inevitável e essencial na realização dessa experiência vital. Descobri aí a conexão entre o coletivo e a expressão individual — o passo mais importante para tal — ou seja, o desconhecimento de níveis abstratos, de "camadas" sociais, para uma compreensão de uma totalidade. O condicionamento burguês a que estava eu submetido desde que nasci desfez-se como por um encanto — devo dizer, aliás, que o processo já se vinha formando antes sem que eu o soubesse. O desequilíbrio que adveio desse deslocamento social, do contínuo descrédito das estruturas que regem nossa vida nessa sociedade, especificamente aqui a brasileira, foi inevitável e carregado de problemas, que longe de terem sido totalmente superados, se renovam a cada dia. Creio que a dinâmica das estruturas sociais revelaram-se aqui para mim na sua crudeza, na sua expressão mais imediata, advinda desse processo de descrédito nas chamadas "camadas" sociais; não que considere eu a sua existência, mas sim que para mim se tornaram como que esquemáticas, artificiais, como se, de repente, visse eu de uma altura superior ao seu mapa, o seu esquema, "fora" delas — a marginalização, já que existe no artista naturalmente, tornou-se fundamental para mim — seria a total "falta de lugar social", ao mesmo tempo que a descoberta do meu "lugar individual" como homem total no mundo, como "ser social" no seu sentido total e não incluído numa determinada camada ou "elite", nem mesmo na elite artística marginal, mas existente (dos verdadeiros artistas, digo eu, e não dos habitués de arte); não, o processo aí é mais profundo: é um processo na sociedade como um todo, na vida prática, no mundo objetivo de ser, na vivência subjetiva — seria a vontade de uma posição inteira, social no seu mais nobre sentido, livre e total. O que me interessa é o "ato total de ser" que experimento aqui em mim — não atos parciais totais, mas um "ato total de vida", irreversível, o desequilíbrio para o equilíbrio do ser.

A antiga posição frente à obra de arte já não procede mais — mesmo nas obras que hoje não exijam a participação do espectador, o que propõe não é uma contemplação transcendente mas um "estar" no mundo. A dança também não propõe uma "fuga" desse mundo imanente, mas o revela em toda a sua plenitude — o que seria para Nietzsche a "embriaguez dionisíaca", é, na

verdade, uma "lucidez expressiva da iminência do ato", ato esse que não se caracteriza por parcialidade alguma e sim por sua totalidade como tal — uma expressão total do eu. Não seria esta a pedra fundamental da arte? O Parangolé, por exemplo, quando exige a participação pela dança, é apenas uma adaptação da mesma na sua estrutura e vice-versa a da sua estrutura na dança — é isto apenas uma transformação desse "ato total do eu". O gesto, o ritmo, tomam uma nova forma determinada pela exigência da estrutura do Parangolé, sendo a dança pura um indício dessa participação estrutural — não se trata de determinar níveis valorativos para uma e outra expressão, pois tanto uma (a dança pura) como a outra (a dança no Parangolé) são expressões totais.
O que se convencionou chamar "interpretação" sofre também uma transformação nos nossos dias — não se trata, em alguns casos é claro, de repetir uma criação (uma canção, por exemplo), aliás, dando-lhe maior ou menor expressão segundo o intérprete. Hoje o intérprete pode assumir uma tal importância que sobrepuje a própria canção (ou outra coisa qualquer) que interprete. Não se trata de "vedetismo" individual, se bem que isso também exista, mas de uma real valorização expressiva do mesmo. Antigamente, o "vedetismo" servia para imortalizar determinados intérpretes segundo a sua criação calcada em obras famosas (ópera e tea-

tro). Hoje o problema é diferente: mesmo que as obras interpretadas não sejam grandes criações, músicas geniais (no campo da música popular, por exemplo), o intérprete alcança um alto grau expressivo — um cantor, Nat King Cole, por exemplo, cria uma "estrutura expressiva vocal", independente da qualidade das músicas que interprete, há uma criação sua, não mais como simples "intérprete", mas como um "vocalista" altamente expressivo. Uma atriz, Marilyn Monroe, por exemplo, pela sua presença comportando tudo o que há de "interpretação", possui antes de mais nada uma qualidade criativa, isto é, estrutural-expressiva. A sua presença em certos filmes medíocres dá a esses filmes um interesse incomum, criado pela sua criação como intérprete. O que interessa aqui é a vocalização de Nat e a ação interpretativa de Marilyn, independente da qualidade da música ou do texto interpretado, se bem que estes possuam, é claro, um valor que é aqui relativo e não absoluto como antes.

10 DE ABRIL DE 1966 (CONTINUAÇÃO)

A experiência da dança (o samba) deu-me, portanto, a exata ideia do que seja a criação pelo ato corporal, a contínua transformabilidade. De outro lado, porém, revelou-me o que chamo de "estar" das coisas, ou seja, a expressão estática dos objetos, sua imanência expressiva, que é aqui o gesto da imanência do ato corporal expressivo, que se transforma sem cessar. O oposto, a não-transformabilidade, não está exatamente em "não-transformar-se no espaço e no tempo", mas na imanência que revela na sua estrutura, fundando no mundo, no espaço objetivo que ocupa, seu lugar único, é isso também uma estrutura-Parangolé; não posso considerar hoje o Parangolé como uma estrutura transformável-cinética pelo espectador, mas também o seu oposto, ou seja, as coisas, ou melhor, os objetos que estão fundem uma relação diferente no espaço objetivo, ou seja, "deslocam" o espaço ambiental das relações óbvias já conhecidas. Está aí a chave do que será o que chamo de "arte ambiental": o eternamente móvel, transformável, que se estrutura pelo ato do espectador e o estático, que é também transformável a seu modo, dependendo do ambiente em que se esteja participando como estrutura; será necessária a criação de "ambientes" para essas obras — o próprio conceito de "exposição" no seu sentido tradicional já muda, pois de nada significa "expor" tais peças (seria aí um interessante parcial menor), mas sim a criação de espaços estruturados, livres ao mesmo tempo à participação e invenção criativa do espectador. Um pavilhão, dos que se usam nos nossos dias para exposições industriais (como são bem mais interessantes do que as anêmicas exposiçõezinhas de arte!), seria o ideal para tal fim — seria a oportunidade para uma verdadeira e eficaz experiência com o povo, jogando-o no sentido de participação criativa, "longe das mostras da elite" tão em moda hoje em dia. Essa experiência deverá ser desde o "dado" já pronto, os "estares" que estruturam como que arquitetonicamente os caminhos ou espaços a percorrer, aos "dados transformáveis" que exigem uma participação inventiva qualquer do espectador (ou vestir e desdobrar, ou dançar), até os "dados para fazer", isto é, dar o material virgem para cada um e construir ou fazer o que quiser, já que a motivação, o estímulo, nasce do próprio fato de "estar ali para aquilo".

A execução para tal plano é complexa, exigindo uma organização prévia muito severa, de uma equipe, é claro. Inclusive, as categorias a serem exploradas são variáveis e múltiplas (em outra parte farei uma explanação do que considero como categorias estruturais nessa minha nova concepção de "arte ambiental"), podendo e devendo mesmo ter a colaboração de vários artistas de ideias diferentes e concentrados apenas nessa ideia geral de uma "criação total de participação", a que seriam acrescentadas as obras criadas pela participação anônima dos espectadores, aliás, melhor dizendo, "participadores".

Antiarte — compreensão e razão de ser do artista não mais como um criador para a contemplação, mas como um motivador para a criação — a criação como tal se completa pela participação dinâmica do "espectador", agora considerado "participador". Antiarte seria uma contemplação da necessidade coletiva de uma atividade criadora latente, que seria motivada de um determinado modo pelo artista: ficam, portanto, invalidadas as posições metafísica, intelectualista e esteticista — não há a proposição de um "elevar o espectador a um nível de criação", a uma "meta-realidade", ou de impor-lhe uma "ideia" ou um "padrão estético" correspondentes àqueles conceitos de arte, mas de dar-lhe uma simples oportunidade de participação para que ele "ache" aí algo que queira realizar — é, pois, uma "realização criativa" o que propõe o artista, realização esta isenta de premissas morais, intelectuais ou estéticas — a antiarte está isenta disso — é uma simples posição do homem nele mesmo e nas suas possibilidades criativas vitais. O "não achar" é também uma participação importante, pois define a oportunidade de "escolha" daquele a que se propõe a participação — a obra do artista no que possuiria de fixa, só toma sentido e se completa ante a atitude de cada participador — este é o que lhe empresta os significados correspondentes — algo é previsto pelo artista, mas as significações emprestadas são possibilidades suscitadas pela obra não prevista, incluindo a não-participação nas suas inúmeras possibilidades também. Não existe, pois, o problema de saber se arte é isto ou aquilo ou deixa de ser — não há definição do que seja arte. Na minha experiência, tenho em programa e já iniciei o que chamo de "apropriações": acho um "objeto" ou "conjunto-objeto" formado de partes ou não, e dele tomo posse como algo que possui para mim um significado qualquer, isto é, transformo-o em obra: uma lata contendo óleo, ao qual é posto fogo (uma pira rudimentar, se o quisermos): declaro-a obra, dela tomo posse: para mim adquiriu o objeto uma estrutura autônoma — acho nele algo fixo, um significado que quero expor à participação; esta obra vai adquirir depois n significados que se acrescentam, que se somam pela participação geral — essa compreensão da maleabilidade significativa de cada obra é que cancela a pretensão de querer dar à mesma, premissas de diversas ordens: morais, estéticas etc. A característica fundamental da criação artística é que impera como algo fixo, inalienável: a própria criação dada pelo ato de criar e sua consequência ao realizar-se: propor uma atitude também criadora. Só isto basta para definir o propósito e justificar a razão de ser de tais proposições.

A posição com referência a uma "ambientação" e a consequente derrubada de todas as antigas modalidades de expressão: pintura-quadro, escultura etc., propõe uma manifestação total, íntegra, do artista nas suas criações, que poderiam ser proposições para a participação do espectador. Ambiental é para mim a reunião indivisível de todas as modalidades em posse do artista ao criar — as já conhecidas: cor, palavra, luz, ação, construção etc., e as que a cada momento surgem na ânsia inventiva do mesmo ou do próprio participador ao tomar contato com a obra. No meu programa nasceram Núcleos, Penetráveis, Bólides e Parangolés, cada qual com sua característica ambiental definida, mas de tal maneira relacionados como que formando um todo orgânico por escala. Há uma tal liberdade de meios, que o próprio ato de não criar já conta como uma manifestação criadora. Surge aí uma necessidade ética de outra ordem de manifestação, que incluo também dentro da ambiental, já que os seus meios se realizam através da palavra, escrita ou falada, e mais complexamente do discurso: é a manifestação social, incluindo aí fundamentalmente uma posição ética (assim como uma política) que se resume em manifestações do comportamento individual. Antes de mais nada, devo logo esclarecer que tal posição só poderá ser aqui uma posição totalmente anárquica, tal o grau de liberdade implícito nela. Tudo o que há de opressivo, social e individualmente, está em oposição a ela — todas as formas fixas e decadentes de governo, ou estruturas sociais vigentes, entram aqui em conflito — a posição "social-ambiental" é a partida para todas as modificações sociais e políticas, ao menos o fermento para tal — é incompatível com ela qualquer lei que não seja determinada por uma necessidade interior definida, leis que se refazem constantemente — é a retomada da confiança do indivíduo nas suas intuições e anseios mais caros.

Politicamente, a posição é a de todas as autênticas esquerdas no nosso mundo, não as esquerdas opressivas (das quais o stalinismo é exemplo), é claro. Jamais haveria a possibilidade de ser de outro modo.

Para mim, a característica mais completa de todo esse conceito da ambientação foi a formulação do que chamei Parangolé. É isto muito mais do que um termo para definir uma série de obras características: as capas, estandartes e tenda; Parangolé é a formulação definitiva do que seja antiarte ambiental, justamente porque nessas obras foi-me dada a oportunidade, a ideia, de fundir cor, estruturas, sentido poético, dança, palavra, fotografia — foi o compromisso definitivo com o que defino por totalidade-obra, se é que de compromissos se possam falar nessas considerações.

Chamarei então Parangolé, de agora em diante, a todos os princípios definitivos formulados aqui, inclusive o da não-formulação de conceitos, que é o mais importante. Não quero e nem pretendo criar como que uma "nova estética da antiarte", pois já seria isto uma posição ultrapassada e conformista. Parangolé é a antiarte por excelência; inclusive, pretendo estender o sentido de "apropriação" às coisas do mundo com que deparo nas ruas, terrenos baldios, campos, o mundo ambiente, enfim — coisas que não seriam transportáveis, mas para as quais eu chamaria o público à participação — seria isto um golpe fatal ao conceito de museu, galeria de arte etc., e ao próprio conceito de "exposição" — ou nós o modificamos ou continuamos na mesma. Museu é o mundo; é a experiência cotidiana: os grandes pavilhões para mostras industriais são os que ainda servem para tais manifestações: para obras que necessitem de abrigo, porque as que disso não necessitarem devem mesmo ficar nos parques, terrenos baldios da cidade (como são bem mais belos que os parcotes tipo Aterro da Glória, no Rio) — a chamada estética de jardins é uma praga que deveria acabar — os parques são bem mais belos quando abandonados porque são mais vitais (meu sonho secreto, vou dizer aqui: gostaria de colocar uma obra perdida, solta displicentemente, para ser "achada" pelos passantes, ficantes e descuidistas, no Campo de Santana, no centro do Rio de Janeiro — é esta a posição ideal de uma obra — como fazem falta os parques! — são uma espécie de alívio: servem para passar o tempo, para malandrear, para amar, para cagar etc.). Aliás, a experiência da obra cujo elemento é consumido: por exemplo, o Bólide composto de uma cesta cheia de ovos — estes são perecíveis (ovos reais) logo têm de ser consumidos para a substituição — é, digo eu, segundo Mário Pedrosa, um escárnio ao chamado comércio de arte criado pelas galerias: aqui o elemento que compõe a obra é vendido a preço de custo, preço este acessível a qualquer pessoa (há ainda a simpática possibilidade de se poder roubar um ou mais ovos às escondidas, o que torna maior o escárnio). A experiência da lata-fogo a que me referi está em toda parte servindo de sinal luminoso para a noite — é a obra que eu isolei na anonimidade da sua origem — existe aí como que uma "apropriação geral": quem viu a lata-fogo isolada como uma obra não poderá deixar de lembrar que é uma "obra" ao ver, na calada da noite, as outras espalhadas como que sinais cósmicos, simbólicas, pela cidade: juro de mãos postas que nada existe de mais emocionante do que essas latas sós, iluminando a noite (o fogo que nunca apaga) — são uma ilustração da vida: o fogo dura e de repente se apaga um dia, mas enquanto dura é eterno.

Tenho em programa, para já, "apropriações ambientais", ou seja, lugares ou obras transformáveis nas ruas, como por exemplo a obra-obra (apropriação de um conserto público nas ruas do Rio, onde não faltam, aliás — como são importantes como manifestação e criação de "ambientes", e já que não posso transportá-las, aproprio-me delas ao menos durante horas para que me pertençam, e dê aos presentes a desejada manifestação ambiental). Há aqui uma disponibilidade enorme para quem chega; ninguém se constrange diante da "arte" — a antiarte é a verdadeira ligação definitiva entre manifestação criativa e coletividade — há como que uma exploração de algo desconhecido: acham-se "coisas" que se veem todos os dias, mas que jamais pensávamos procurar. É a procura de si mesmo na coisa — uma espécie de comunhão com o ambiente (ah! como a dança realiza isso bem! — o terreiro de ensaio da Mangueira e o seu lendário boteco Só para quem pode foram para mim as maiores revelações dessa comunhão entre disponibilidade e ambiente, catalisados aqui pelo samba: quem viver aí saberá o que digo!).

Em programa, tenho também algo que considero vital para o desenvolvimento do meu pensamento: uma sala de bilhar (quem sabe não seria a notívaga sala de Van

Gogh, a que Mário Pedrosa se refere quando descreve as sensações causadas pela cor na minha manifestação ambiental dos Núcleos e Bólides!) — uma sala de bilhar, repito eu, onde a cor dará o ambiente e os participantes do jogo vestirão camisas coloridas (determinadas por mim) e jogarão bilhar normalmente: quero com isso fazer vir à tona toda a plasticidade desse jogo único — plasticidade da própria ação-cor-ambiente: todos se divertem com o bilhar e imergem no ambiente criado. Já aqui a manifestação está no extremo oposto da outra obra-obra: aqui eu criei o ambiente preconcebido que desejava — na outra, acho algo que se revela aos poucos e que não preconcebo. Tanto uma posição como outra são da máxima importância nesse setor de experiência ambiental. Nesse mesmo teor planejei um jogo de futebol, onde os 22 jogadores vestirão camisas, short e chuteiras de cor e jogarão com bola colorida — a duração e a ação do jogo são elementos da manifestação ambiental (duração aqui significando tempo cronológico e não com sentido metafísico, é claro). Essas experiências do bilhar e do futebol serão realizadas em sala e campo que serão ainda escolhidos — a sala de bilhar terá que ser pintada por mim, assim como as balizas do campo.

Já afirmei e torno a lembrar aqui: o meu Programa Ambiental a que chamo, de maneira geral, Parangolé, não pretende estabelecer uma "nova moral" ou coisa semelhante, mas "derrubar todas as morais", pois que estas tendem a um conformismo estagnizante, a estereotipar opiniões e criar conceitos não-criativos. A liberdade moral não é uma nova moral, mas uma espécie de antimoral, baseada na experiência de cada um: é perigosa e traz grandes infortúnios, mas jamais trai a quem pratica: simplesmente dá a cada um o seu próprio encargo, a sua responsabilidade individual; está acima do bem, do mal etc. Deste modo estão como que justificadas todas as revoltas individuais contra valores e padrões estabelecidos: desde as mais socialmente organizadas (revoluções, por exemplo) até as mais viscerais e individuais (a do marginal, como é chamado aquele que se revolta, rouba e mata). São importantes tais manifestações, pois não esperam gratificações a não ser a de uma felicidade utópica, mesmo que para isso se conduzam à autodestruição. Como é verdadeira a imagem do marginal que sonha ganhar dinheiro num determinado plano de assalto, para dar casa à mãe ou construir a sua num campo, numa roça qualquer (modo de voltar ao anonimato), para ser "feliz"! Na verdade, o crime é a busca desesperada da felicidade autêntica, em contraposição aos valores sociais falsos estabelecidos, estagnados, que pregam o "bem-estar", a "vida em família", mas que só funcionam para uma pequena minoria. Toda a grande aspiração humana de uma "vida feliz" só virá à realização através de grande revolta e destruição: os sociólogos, políticos inteligentes, teóricos que o digam! O programa do Parangolé é dar "mão forte" a tais manifestações. Sei que é isto uma afirmação perigosa, de dois gumes, mas que vale a pena. Só um mau-caráter poderia ser contra um Antônio Conselheiro, um Lampião, um Cara de Cavalo, e a favor dos que os destruíram. Não quero cobrar aqui, ou "fazer justiça", pois que tais reações contra o crime ou contra revoluções tendem a ser cada vez mais violentas; os opressores são fortes e mortíferos: nada deixarão passar sem chegar sobre a viabilidade ou não da coisa. Daí é fácil deduzir o que não estará por acontecer no mundo e nas comunidades — ou tudo muda (e há de mudar!) ou continuamos a guerra. Não sou pela paz; acho-a inútil e fria — como pode haver paz, ou se pretender a ela, enquanto houver senhor e escravo! Bem, não vou falar mais nisso aqui, pois o problema é óbvio e está posto claramente; quanto às discussões em torno dele são infinitas e complexas; só em profundidade podem ser tratadas, e isto aqui é inútil agora. A antiarte é, pois, uma nova etapa (é o que Mário Pedrosa sabiamente formulou como arte pós-moderna); é o otimismo, é a criação de uma nova vitalidade na experiência humana criativa; o seu principal objetivo é o de dar ao público a chance de deixar de ser público espectador, de fora, para participante na atividade criadora. É o começo de uma expressão coletiva. O Parangolé, ou Programa Ambiental, como queiram, seja na sua forma incisivamente plástica (uso total dos valores plásticos táteis, visuais, auditivos etc.) mais personalizada, como na sua mais disponível, aberta a transformação no espaço e no tempo e despersonalizada, é antiarte por excelência.

A conclusão fundamental de toda essa posição é a de que, sobrepujando todas as deficiências sociais, éticas, individuais, está uma necessidade superior, em cada um, de criar, fazer algo que preencha interiormente o vácuo que é a razão dessa mesma necessidade — é a necessidade de realização, completação e razão de ser da vida. A tal finalidade teria aspirado o esforço total humano durante séculos — a arte é então uma etapa disso, passageira, sofrível de modificação como as que agora se operam.

O princípio decisivo seria o seguinte: a vitalidade, individual e coletiva, será o soerguimento de algo sólido e real, apesar de subdesenvolvimento e caos — desse caos vietnamesco é que nascerá o futuro, não do conformismo e do otarismo. Só derrubando furiosamente poderemos erguer algo válido e palpável: a nossa realidade.

INSTÂNCIAS DO PROBLEMA DO OBJETO

O problema do objeto, como é invocado na arte contemporânea, traz em si uma contradição: é a liberação criadora que resulta da superação do quadro e da escultura tradicionais, mas é, ao mesmo tempo, uma tentativa de criação de uma nova categoria, que seria tão acadêmica e tradicional quanto as anteriores. O enfoque, pois, do problema do objeto deve ser o mais claro possívle para que se consiga resolver essa contradição. A ingenuidade de se pensar que seria uma categoria nova, híbrida, síntese de pintura-escultura-decoração, etc., fica posta desde já em cheque. O conceito de objeto, a sua formulação, é antes de mais nada intelectual: digo mais, de origem filosófica, nascida de um pensamento teórico que se originou desde cedo na arte moderna, e é na sutileza do seu campo que deve ser resolvido. Ele é puramente teórico. Desde a clássica conceituação de Malevitch ao pintar um quadrado branco sobre um fundo branco, abordando o problmea do objeto como representação, onde dizia chegar à "sensibilidade da ausência do objeto", até a conceituação da "obra aberta", os caminhos foram os mais diversos e de uma sutileza intelectual como jamais se vira na história da arte: uma verdadeira disecção teórica do próprio conceito de "obra de arte", do seu porquê, do seu "estar", do seu modo, etc.

Na pintura o problema da representação foi-se, checando cada vez mais com a descoberta do plano do quadro como elemento ativo, chegando Mondrian às suas já super conhecidas soluções, e nos seus inúmeros seguidores, ou nos movimentos que levaram a consequências novas suas ideias como no movimento neoconcreto brasileiro, à abolição do quadro ou à sua transformação numa nova manifestação estrutural diretamente derivada da pintura (Lygia Clark e o "Bicho"). Ives Klein, ao chegar no monocrômico, chega também a um outro ângulo ("elementar" - cor-cor, plano-plano, etc.) do limite da pintura; aliás, durante a época neoconcreta pintei um quadro totalmente branco (1959), onde o plano do quadro era o "plano objetivo do seu limite". Ferreira Gullar, nessa época, escreveu sua célebre Teoria do Não Objeto, onde todos esses problemas foram abordados de modo magistral. Mas o problema do objeto não se restringe somente às transformaç~eos de ordem esturutural: parece ser

uma aspiração mais ampla no pensamento moderno:
parece desafiar a lógica dessas transformações. Aliás
é importante que essa lógica seja quebrada, sob pena
de termos apenas uma evolução acadêmica do problema: o objeto que era antes representado no quadro de
cavalete, sob diversas maneiras, passaria a ser criado
nele mesmo, no espaço tridimensional, etc. O fato, já
se vê, nunca se deu desse modo, pois sua natureza é
bem mais complexa: essa premissa estrutural parece se
diluir num pensamento ainda antigo. A criação de "objetos", de coisas, etc., é mais ligado ao comportamento
criador do que a outra coisa qualquer: o giro dialético
se dá nesse campo mais do que no das transformações
estruturais: o problema do comportamento criador, de
como encarar a criação, do ato criador como tal, etc.,
importa muito mais. Já o urinol de Duchamp ou os
"objets trouvés" surrealistas, de caráter poético, é certo,
mostravam essa mudança mais na atitude do artista do
que na preocupação esteticista de transformar alguma
estrutura. A liberdade crescente das manfiestações da
criação humana começa a exigir novas estruturas, novos objetos, de modo cada vez mais direto: nascem as
apropriações de objetos, objetos metafóricos, objetos
estruturais, objetos que pedem a manipulação, etc. O
interesse se volta para a ação no ambiente, dentro do
qual os objetos existem como sinais, mas não mais

simplesmente como "obras": e esse caráter de sinal vai sendo absorvido e transformado também no decorrer das experiências, pois é agora a ação ou um exercício para um comportamento que passa a importaar: a obra de arte criada, o objeto de arte, é uma questão superada, uma fase que passou: de sinal para a ação no ambiente, passa à condição de elemento: é a nova fase do puro exercício vital, onde o artista é propositor de atividades criadoras: o objeto é a descoberta do mundo a cada instante, não existe como "obra" estabelecida "a priori", ele é a criação do que queiramos que seja: um som, um grito, pode ser o objeto, a obra tão propalada outrora, ou guardada num museu: é a manifestação pura - a luz do sol que neste momento me banha é o objeto, no espaço e no tempo, no instante - objeto do instante, que existe à medida em que é experimentado e não pode ser repetido. Na verdade, a razão de ser primeira do surgimento deste problema, o objeto, na arte moderna, foi o de propor novo rumo para o da re-presentação, de ordem maior, e esse da representação passou ao do comportamento, à descoberta do mundo, do homem ético, social, político, enfim da vida como perpétua manifestação criadora. Não nos limitemos a encarar acadêmica e comodamente o objeto como uma nova categoria, substituindo as antigas de pintura e escultura, pois estaremos sendo tão antigos quanto

antes. A conceituação e formulação do objeto nada
mais é do que uma ponte para a descoberta do instante,
OBJETato, criação humana pura e única.

Rogério Duarte, recentemente, numa conversa comigo,
formulou um novo conceito relativo a esse problema,
na ideia do PROBJETO, que se refere às proposições
"em aberto" feitas por artistas, que a meu ver são de
real interesse: o objeto, ou a obra, seriam as probali-
dades infinitas contidas nas mais diversas proposições
da criação humana: a mágica do fluir de ideias, no
instante, no ato, no comportamento. Uma proposição,
nesse sentido, seriam, por exemplo, os "ovos" de Lygia
Pape, que são estruturas cúbicas forradas de papel fino
ou plástico: a pessoa entra por baixo e sai furando o
papel: o ato de furar e sair como se de um ovo é que
importa, como a própria descoberta da ação específica
aí invocada (Apocalipopótese); uma cama coberta por
um cortinado de aniagem, que construí, para dentro da
qual a pessoa é solicitada a entrar e ficar quanto tempo
quiser, na supra busca de vivências, o que interessa não
é o objeto cama como obra mas como instrumento
para as vivências que se têm no seu interior; ou uma
cabine minha que se encontra em Londres, onde as
pessoas são convidadas a cheirar algo, também (Dró-
gen). O próprio Rogério, numa manifestação recente
no Aterro, levou cães amestrados que fizeram uma

demonstração: todo o "environment" ativo, a hora, o dia, as circunstâncias, etc., importam na vivência, nas probabilidades gerais dos comportamentos, como algo tão válido quantoas antigas necessidades de uma obra acabada: tata-se da poética do instante, ou do seu erguimento como o mais eficaz para exprimir as ifinitas possibilidades da imaginação humana posta em ação.

CRELAZER

Não ocupar um lugar específico, no espaço ou no tempo, assim como viver o prazer ou não saber a hora da preguiça, é e pode ser a atividade a que se entregue um "criador".

Que é ou quem poderia ser um criador. Criar pode ser aquele que cria uma cria, um criador de cavalos, por exemplo. Mas, pode um criador de cavalos ser "o criador"? Talvez, por que não? Mais do que muito fresco que anda pintando por aí. Claro — depende de como o faça, como se o depare no lazer-prazer-fazer. Adeus, ó esteticismo, loucura das passadas burguesias, dos fregueses sequiosos de espasmos estéticos, do detalhe e da cor de um mestre, do tema ou do lema.

Sim, hoje ainda há o esteticismo da pop, ou da op, da Minimal e também do happening. Os que não se defrontam com o "Crelazer" não o podem saber, nem crer que se possa viver sem um "pensamento" que vem a priori sempre e o que foi a glória do mundo ocidental, já que o oriental sempre olhou com indiferença ou incompreensão a "loucura branca" europeia.

O "Crelazer" é o criar do lazer ou crer no lazer? — não sei, talvez os dois, talvez nenhum. Os chatos podem parar por aqui, pois jamais entenderão: é a burrice que predomina na crítica d'arte — por sorte eles foram fulminados pela indiferença do prazer, do lazer ou dos supraestados cannabianos, se bem que não me interessa essa identificação aqui.

Adeus andorinhas da crítica, ou das casas, ou das frases feitas boas e bonitas — hei, levante-se vagabundo, nem só de preguiça vive o homem, mas o lazer-prazer é lícito, como é deitar e ler jornal, beijar com sofreguidão (quero já meu amor perto de mim, apertando-me a mão, palma-a-palma, oh, porque está tão longe, não veio) que cidade, a distância é o não-lazer, se bem que andar possa ser o lazer, na chuva, mas beijar também o é, no encontro. E, pode-se ir mais longe, mas quero, por enquanto, concentrar-me no lazer, que no amor é o beijar, mais imediato. Crer no lazer, que bobagem, não creio em nada, apenas vivo. Coitados dos que creem, vai ver que jazem crendo, num espasmo, mas é que essa transespasmoação não interessa mais: e ainda a projeção (poderia ser uma projerecção) no lá, o plá místico, mas a meditação do lazer é mais que isso, porque talvez seja a onda, como a do mar, do mesmo mar, criada pelos ventos sobre ele, mas que são vistas-vividas em tantos modos quantos os que nascem de mim, de você e do mundo grande de gente que não vemos, mas que existe. Quero viver: mas não quero crer! Não quero que a vida me faça de otário! Sim, porque crer é projetar-se de si mesmo no nada, néant. Prefiro a salada da vida, o esfregar dos corpos. Quero o meu amor!

AS POSSIBILIDADES DO CRELAZER

A experiência da Whitechapel confirmou-me muita coisa, derrubou outras, e me conduz à meta "do que pensar" e "de para onde ir" — primeiro à revitalização dos primeiros Penetráveis e Núcleos (de 1960 em diante) — depois definitiva transformação do "mundo das imagens" do abstrato-conceitual (derivado dos conceitos neoconcretos) até a "Tropicália", onde esse repertório da "imagem" como tal se consolida na consciência dele mesmo, numa síntese, e se supera para um novo sentido onde o que era "aberto" se torna "supraberto", onde a preocupação estrutural se dissolve no "desinteresse das estruturas", que se tornam receptáculos abertos às significações. Toda a concepção do "Éden" se inicia nisso: na transformação de uma síntese imagética, a "Tropicália", passando pela formulação do suprasensorial, até a ideia de "Crelazer", que teve sua primeira conflagração com a Bólide-Cama e com os Bólides-Áreas, feitos desde 1967 — na verdade, dentro do

Bólide-Cama, pude conceber a semente de tudo o que se ergueu depois, no "Éden", e a realização do mesmo na Whitechapel, em fevereiro de 1969. O "Éden" não está submisso, entretanto, a uma forma acabada, mas à proposição permanente do "Crelazer". As proposições nascem e crescem nelas mesmas e noutras — a ideia da construção do "Barracão" se ergue mais uma vez como uma possibilidade urgente, como a consolidação de um pensamento torre, espinha dorsal do que chamo "Crelazer". Na experiência whitechapeliana as sementes do "Éden" propunham "visões" ao "Crelazer": o Bólide-Cama onde se entra e se deita sob a estrutura de juta: a concentração do lazer, que se tende a fixar. O trajeto do pé nu sobre a areia, que se interrompe com as sucessivas entradas nos Penetráveis de água, "Iemanjá", de folhas, "Lololiana", de palha, "Cannabiana". Ainda pela areia chega-se à areia limitada em área no "Bólide-Área 1", e ao feno no "Bólide-Área 2", onde se deita como se à espera do sol interno, do lazer não repressivo. A tenda preta enigmática encontra o esconder-se, como um ovo, e dentro a música de Caetano e Gil não é uma imagem superposta, mas uma nova relação do mundo escondido, um "sentido" que se alia ao tato, mas sem se erguer em "imagens táteis" como no Penetrável tátil-sensorial da "Tropicália" (havia lá uma série de elementos tácteis que culminavam pelo trajeto no escuro rumo à TV permanentemente ligada, uma síntese da imagem quando se inter-relacionavam) — nessa tenda preta uma ideia de mundo aspira seu começo: o mundo que se cria no nosso lazer, em torno dele, não como fuga mas como ápice dos desejos humanos. O mesmo diria em relação aos Penetráveis — cabines "Tia Ciata", em cujo interior a luz vermelha criada pela filtração da luz exterior através do plástico envolvente se mistura ao incenso que se queima ao deitar-se no chão de espuma, e no "Ursa", onde se penetra girando a porta-parede e se encaixando dentro das cobertas-saco e telas de nylon, deitando: o espaço-casa propõe um novo mundo-lazer. Para o fim, reservo dois núcleos de lazer, no "Éden", que a meu ver levam a planos mais avançados, indicam um futuro mais incisivo: 1) a área aberta do mito, que se constitui num cercado circular vedado por uma treliça de duratex (o plano inicial era o de uma treliça de metal coberta por trepadeiras vivas — esse plano é o que prefiro), no chão o tapete cuja sensação quente sucede à areia — a área vazia interior é o campo para a construção total de um espaço significativo "seu": não há "proposição" aqui — estar-se nu diante do fora-dentro, do vazio, é estar-se no estado de "fundar" o que não existe ainda, de se autofundar; 2) os "Ninhos", no fim do "Éden", como a saída para o além-ambiente, isto é, a ambientação não interessa como informação para indicar algo: é a não-ambientação, a possibilidade de tudo se criar das células vazias, onde se buscaria "aninhar-se", ao sonho da construção de totalidades que se erguem como bolhas de possibilidades — o sonho de uma nova vida, que se pode alternar entre o autofundar já mencionado e o supraformar nascido aqui, no ninho-lazer, onde a ideia do "Crelazer" promete erguer um mundo onde eu, você, nós, cada qual é a célula-máter.

BARRACÃO

Formulação da ideia de Parangolé, em 1964: raíz raíz brasileira ou a fundação da raíz Brasil em oposição à folclorização desse material raíz — a folclorização nasce da camuflagem opressiva: "mostrar o que é nosso, os nossos valores..." — a afluência da arte primitiva etc. — Parangolé se ergue desde 1964 contra essa folclorização opressiva e usa o mesmo material que seria outrora folc-Brasil como estrutura não-opressiva, como revelação de uma realidade minha-raíz — Jerônimo, na foto vestindo a capa (Aterro, 1967), revela toda uma síntese: é inexplicável o que se passa aí: o modo com que se veste na planta e veste a capa é dado pela posição gestual-facial que se expressa mais do que um simples "posar": é Brasil raíz, intransferível, mas não se limita a uma "imagem Brasil": é raíz-estrutura e é não-opressiva porque revela uma potencialidade viva de uma cultura em formação: digo cultura em formação como a possibilidade aberta de uma cultura, em oposição ao caráter por que se designa habitualmente algo cultural — em certo sentido, e muito, é anticultura porque propõe a demolição do que é opressivo: a cultura, como é imposta artificialmente, é sempre opressiva, é o não-criar que vem com a glorificação do que já está fechado, se bem que possibilidades de reinformação possam ser tiradas daí — mas, no contexto geral, toda a parafernália cultural-patriótico-folclórica-nacional é opressiva — Parangolé é a descoberta da raíz aberta pela primeira vez — "Tropicália" (a imagem-estrutura) e "Barracão" (comportamento-estrutura) são as evoluções naturais disso ou do projeto da raíz-Brasil → a fecundação universal da raíz-Brasil: as possibilidades culturais intransferíveis se expressam através de estruturas puramente universais → a busca imediata para o que denominei "Parangolé coletivo" (redundância, já que Parangolé desde o início propunha o coletivo como condição inerente): propor propor já em 1966-67 era a condição primeira de tudo: "Tropicália" foi a proposição de uma condição aberta e descoberta dessa raíz-estrutura-proposição de um completo ambiente-comportamento — a ideia de "Barracão" absorve,

como o supermata-borrão, estrutura e participação-
-proposição, no que chamo comportamento-estrutura:
a descoberta do "Crelazer" como essencial à conclusão
da participação-proposição: a catalisação das energias
não-opressivas e a proposição do lazer ligado a elas.

LDN

Célula-comportamento $\rightarrow$ a impossibilidade de as
camadas de "representação" emergirem como algo
vivo $\rightarrow$ a coisa-viva em si, na sua célula-ela, que
se manifesta no comportamento que é o criador da
vida e do mundo $\rightarrow$ célula de quê? célula, o que se
multiplica no desconhecido, no não-formulado, pois
como posso formular o comportamento individual?
se a célula é aí o "estar no mundo, que é ser, viver" $\rightarrow$
vida--mundo-criação, são velhas distinções que são
uma célula: o comportamento, que realmente agora,
nisto, cria a multiplicação ou expansão celular $\rightarrow$ faço
a célula-matriz do "Barracão"; mas o comportamento
e o crescimento dela é que formarão a célula-mãe,
insubstituível $\rightarrow$ gente + tempo + a possibilidade de
expansão $\rightarrow$ a ideia de forma e estrutura não existirá: o
passado de "necessidade estrutural" cresce para o agora
de "existência ou não": algo espreita a possibilidade de
se manifestar e aguarda $\rightarrow$ ultraguarda.

experimentar o experimental

sentença de morte para a pintura começou quando
o processo de assumir o experimental começou

durante década começando em 59 minha obra
passou a assumir o experimental

conceitos de pintura escultura obra (de arte)
    acabada display
contemplação linearidade desintegraram-se
    simultaneamente

existe em 72 algum pintor importante q haja assumido
o experimental no canvas-moldura na aspiração
mural ambiental espacial

não conheço

no brasil país sem memória mataborrão das
    diluições muito se
passou depois da fenomenal década 50 na 60:
    nada foi absorvido

crises dos problemas extremos da pintura nos
avassalaram problemas-limite de sólida importância

não quero fazer história

quero falar de como bilaterais deram em
núcleos penetráveis bólides

PARANGOLÉ meu programinha sem tempo descoberta
          do corpo
proposição coletiva tudo em meio à indiferença
          dos artistas do dia

foi enjeitado rejeitado
mas 72 PARANGOLÉ me dá alegria parece tão claro novo
como parecem claros novos CONCRETOS de são paulo

NÃO-OBJETO rio coisas-gente daqui dali
esquecidos nos vai-vens das "artes"

artes q são mortos equívocos cineastas artistas poetas
q envelheceram

ri melhor quem ri por último:
competição de "criadores de obras"

pintura escultura arte (obra &tc.) hão de continuar
na área competitiva (até bolsa de arte já temos)

mas q tem a ver com assumir o experimental

talento potencial individuais são logo diluídos
no dia a dia competitivo q estanca o experimental

brasil-babel q há de novo sob o novo

quem é inventor sente-se novo é novo
            metavanguarda ri do sério
da série não ta na linha o bonde já passou

não me interessam talentos estou farto de querer achar
o novo no vestido de novo

talentos q pintam desenham gravam CONVERSAM
q não querem adiam evitam o exemperimental

o exercício experimental da liberdade evocado
por MÁRIO PEDROSA não consiste na "criação de obras"
mas na iniciativa de assumir o experimental

pintura poassou a ser pet da burguesia conservadora

cachorro bombom e pintura tapete cortina
         ir ao museu à Madison
vernissages

o potencial-experimental gerado no brasil é o único
         anticolonial
não-culturalista nos escombros híbridos da
         "arte brasileira"

tão CONCRETO quanto à sua exportabilidade

voltarão sempre argumentos obscuros dúvidas
         de autenticidade
assuntos remordidos ignorância dos verdadeiros
         problemas

(quais se o coma se estabeleceu
no q está à margem do experimental)

GERTRUDE STEIN: se um som produzido num cres-
cendo de intensidade então pára quantas vezes poderá
ser repetido o experimental não tem fronteiras pra si
mesmo é a metacrítica da "produção de obras" dos
artistas de produção

o experimental assume o consumo

sem ser consumido indiferente
à competição do eu-melhor-q-você das "artes"

no brasil aspiração superficial do artista do dia 1
aspira galerias

expor expor expor currículo estar em dia com
o ecletismo mundano

DÉCIO PIGNATARI: a visão de estruturas conduz à
antiarte e à vida; a visão de eventos (obras) conduz à
arte e ao distanciamento da vida

produção experimental tem espocado
              esparsamente no geral
da brasileira em pouquíssimos casos é programa

artista brasileiro raramente tem programa
              são fracos talentos
vulneráveis sem opinião

nem entendem porque OSVALDO DE ANDRADE diz:
serafim vai à janela e qual narciso vê, no espelho
das águas, o forte de copacabana

nem porque prefiro a caixa de cable staples

às chatíssimas atividades artísticas

simpósios exposições ões ões coisas inventadas
para dar lugar aos fracos talentos não-inventivos

YOKO ONO: quanto à minha arte tenho a dizer: artistas não são criativos. que mais se desejaria criar? tudo
já está aqui. detesto artistas que dizem que sua arte é
criativa. chamo esse tipo de arte de "peido". esses artistas q constroem um pedaço de escultura e o chamam
de arte não passam de narcisistas... criar não é a tarefa
do artista. Sua tarefa é a de mudar o valor das coisas

todo mundo sabe q sol é sol

mas o problema não é só da pintura escultura arte
produção de obras mas de representação

de todos os re
não confundir reviver com retomar

arte brasileira parece condenada ao eterno revival
de terceira categoria

o experimental pode retomar nunca reviver

invenção não se coaduna com imitação:
simples mas é bom lembrar

MARSHALL MCLUHAN: de qualquer modo na arte experimental, exatas especificações da violência iminente são dadas às psiques de cada um pelos seus próprios contra-irritantes ou tecnologia. pois as partes de nós mesmos investidas em novas invenções são tentativas de contrapor ou neutralizar pressões coletivas ou irritações. mas o contra-irritante em geral prova ser de maior dano que o irritante inicial, como um hábito de droga. e é aqui que o artista pode nos mostrar como "ir com o soco" em vez de "levá-lo na cara". Só podemos constatar que a história humana é um recorde de "levá-lo na cara". ... enquanto adotarmos a atitude de narciso de ver as extensões de nossos corpos como realmente lá fora e de verdade independente de nós, teremos que enfrentar todos os desafios tecnológicos com o escorregão tonto e o colapso de sempre

JOHN CAGE: objeções são frequentemente feitas por compositores ao uso do termo experimental para designação de suas obras, pois é tido como certo que experimentos são etapas que precedem medidas tomadas com determinação, e que essa determinação é a de saber ter levado, se bem que de modo não convencional, esses elementos considerados a uma ordenação específica. essas objeções são claramente justificadas, mas só nos casos, como os da música serial contemporânea, em que permanece a razão de ser de se construir algo dentro dos limites, estrutura e expressão para as quais a atenção está focalizada. Enquanto que, de outro lado, a atenção se move para a observação e audição de muitas coisas ao mesmo tempo, incluindo as que são ambientais — torna-se inclusiva em vez de exclusiva — sem a preocupação de criar estruturas compreensíveis, pode surgir (seríamos turistas), e então a palavra "experimental" é apropriada, não para ser entendida como descritiva de um ato a ser julgado osteriormente em termos de sucesso ou fracasso, mas como um ato cujo resultado é desconhecido. o que foi determinado?

em suma o experimental não é "arte experimental"

os fios soltos do experimental são energias q brotam para um número aberto de possibilidades

no brasil há fios soltos num campo de possibilidades: por que não explorá-los?

BRASIL DIARREIA

O que importa: a criação de uma linguagem: o destino de *modernidade* do Brasil pede a criação desta linguagem: as relações, deglutições, toda a fenomenologia desse processo (com inclusive, as outras linguagens internacionais), pede e exige (sob pena de se consumir num academismo conservador, não o faça) essa linguagem: o conceitual deveria submeter-se ao fenômeno vivo: o deboche ao "sério": quem ousará enfrentar o surrealismo brasileiro?

Quem sou eu pra determinar qual ou como será essa linguagem? Ou será um nada (conservação-diluição?)? Sei lá. A diluição está aí — a convi-conivência (doença típica brasileira) parece consumir a maior parte das ideias — ideias? Frágeis e perecíveis, aspirações ou ideias? Assumir uma posição crítica: a aspirina ou a cura?

Ou a curra: ao paternalismo, à inibição, à culpa.

Estado de coisas atualmente: por que se precisa e se procura algo que "guarde e guie" a cultura brasileira? E não veem que essa "cultura" é já um conceito morto.

Hoje cultiva-se o policiamento instituição-cultural, no Brasil. Cultivam-se as tradições e os hábitos (falam-se em perigos + perigos, mas a maioria corre o perigo maior: o da estagnação desse processo que parece sofrer retrocessos ou borrações no seu crescimento — estamos na fase máxima das borrações: o empastelamento retro-formal — por exemplo: pintura, desenho, gravura, escultura: que importa que se as façam ou não: com isso ou com o anúncio de que "não morreram" ou a pergunta "morreu ou não?", etc., procura-se desviar o problema, que é o de uma posição altamente crítica, para um lado absoluto que não procede neste caso; tudo é feito propositadamente como defesa das instituições que se abrigam no conceito de "artes plásticas" e de suas promoções paternalistas: salões, bienais: principalmente a de São Paulo).

Sou contra qualquer insinuação de um "processo linear"; a meu ver, os processos são globais — uma coisa é certa: há um 'abaixamento' no nível crítico, que indica essa indeciso-estagnação — as potencialidades criativas são enormes, mas os esforços parecem mingar, justamente quando são propostas posições radicais; posições radicais não significam posições estéticas, mas posições globais vida-mundo — linguagem — comportamento. Dizer-se que algo chegou "ao fim", assim como a pintura, por exemplo (ou como o próprio processo linear que determina essa ideia) é importante, o que não quer dizer que não haja quem a faça; dizer que ela acabou é assumir uma posição crítica diante de um fato, é propor uma mudança; propor uma mudança é mudar mesmo, e não conviver com o banho de piscina paterno-burguês ou com o mingau da "crítica d'arte" brasileira.

A pressa em criar (dar uma posição) num contexto universal a esta linguagem-Brasil, é a vontade de situar um problema que se alienaria, fosse esse "local" (problemas locais não significa nada se se fragmentam quando expostos a uma problemática universal; são irrelevantes se situados somente em relação a interesses locais, o que não quer dizer que os exclua, pelo contrário) — a *urgência* dessa "colocação de valores" num contexto universal, é o que deve preocupar realmente àqueles que procuram uma "saída" para o problema brasileiro. É um modo de formular e reformular os próprios problemas locais, desaliená-los e levá-los a consequências eficazes. Por acaso fugir ao consumo é ter uma posição objetiva? Claro que não. É alienar-se, ou melhor, procurar uma solução ideal, *extra* — mais certo é, sem dúvida, *consumir o consumo* como parte dessa linguagem. Derrubar as defesas que nos impedem de ver "como é o Brasil" no mundo, ou como ele "é realmente" — dizem: "estamos sendo 'invadidos' por uma 'cultura estrangeira' (cultura, ou por 'hábitos estranhos, música estranha, etc.', como se isso fosse um pecado ou uma culpa — o fenômeno é borrado por um julgamento ridículo, moralista-culposo: "não devemos abrir as pernas à cópula mundial — somos puros" — esse pensamento, de todo inócuo, é o mais paternalista e reacionário atualmente aqui. Uma desculpa para parar, para defender-se — olha-se demais para trás — tem-se "saudosismos" às pampas — todos agem um pouco como viúvas portuguesas: sempre de luto, carpindo.

Chega de luto, no Brasil!

O Brasil e a "cultura brasileira" parecem aspirar a uma forma imperialista "paterno-cultural".

Quando o que realmente conduziria a uma ascendência universal deveria ser (o que não significa que o será) algo baseado numa experimentalidade comum nos países novos, o que implicaria ainda mais em posições definidas globais.

Mas parece que essas posições se desvaneceram quase que por completo (salvo, é claro, em alguns indivíduos, minoria absoluta, que persistem num nível experimental criador): a falta total de caráter floresce hoje no Brasil — não me refiro somente à "cultura" e "contexto cultural"; o conceito limita e amesquinha tudo; quero me referir a uma coisa global, que envolve um contexto

maior de ação (incluindo os lados ético-político-social),
de onde nascem as necessidades criativas: mais particu-
larmente aos "hábitos" inerentes à sociedade brasileira:
cinismo, hipocrisia, ignorância, concentram-se nisso
a que chamo de *coni-convivência*: todos "se punem",
aspiram a uma "pureza abstrata" — estão culpados e
esperam o castigo — desejam-no. Que se danem.

É preciso entender que uma *posição crítica* implica
em inevitáveis ambivalências; estar apto a julgar, julgar-
-se, optar, criar, é estar aberto às ambivalências, já que
valores absolutos tendem a castrar quaisquer dessas
liberdades; direi mesmo: pensar em termos absolutos é
cair em erro constantemente; — envelhecer fatalmente;
conduzir-se a uma posição conservadora (conformis-
mos; paternalismos; etc.); o que não significa que não
se deva optar com firmeza: a dificuldade de uma opção
forte é sempre a de assumir as ambivalências e destrin-
char pedaço por pedaço cada problema. Assumir ambivalências não significa aceitar conformisticamente
todo esse estado de coisas; ao contrário, aspira-se então
a colocá-lo em questão. Eis a questão.

E a questão brasileira é *ter caráter*, isto é, entender
e assumir todo esse fenômeno, que nada deva excluir
dessa "posta em questão": a multivalência dos elementos "culturais" imediatos, desde os mais superficiais aos
mais profundos (ambos essenciais); reconhecer que

para se superar uma condição provinciana estagnatória, esses termos devem ser colocados universalmente, isto é, devem propor questões essenciais ao fenômeno construtivo do *Brasil como um todo, no mundo*, em tudo o que isso possa significar e envolver. Nossos movimentos positivos parecem definir-se como, para que se construam, uma *cultura de exportação*: anular a condição colonialista é assumir e deglutir os valores positivos dados por essa condição, e não evitá-los como se fossem uma miragem (o que aumentaria a condição provinciana para sua permanência); assumir e deglutir a superficialidade e a mobilidade dessa "cultura", é dar um passo bem grande — construir; ao contrário de uma posição conformista, que se baseie sempre em valores gerais absolutos, essa posição construtiva surge de uma ambivalência crítica.

Maior inimigo: o moralismo quatrocentão (de origem branca, cristã-portuguesa) — brasil paternal — o cultivo dos "bons hábitos" — a super autoconsciência — a prisão de ventre "nacional".

A formação brasileira, reconheça-se, é de uma falta de caráter incrível: diarreica; quem quiser *construir* (ninguém mais do que eu, "ama o Brasil"!) tem que ver isso e dissecar as tripas dessa diarreia — mergulhar na merda.

Experiência pessoal: a minha formação, o fim de tudo o que tentei e tento, levou-me a uma direção: a

condição brasileira, mais do que simplesmente marginal dentro do mundo, é subterrânea, isto é, tende e deve
erguer-se como algo específico ainda em formação; a
cultura (detesto o termo) realmente efetiva, revolucionária, construtiva, seria essa que se ergueria como uma
SUBTERRÂNEA (escrevi um texto com esse nome, em
setembro 69, em Londres): assume toda a condição
de subdesenvolvimento (sub-sub), mas não como
uma "conservação desse subdesenvolvimento", e sim
como uma... "consciência para vencer a *super* paranoia,
repressão, impotência..." brasileiras; o que mais dilui
hoje no contexto brasileiro é justamente essa falta de
coerência crítica que gera a tal *coni-convivência*; a reação cultural, que tende a estagnar e se tornar "oficial"
(mais do que burocrática, essa coisa oficial existe como
reação efetiva), é a que predomina nesse estado atual:
p. ex., a crítica que as ideias de Tropicália geraram ao
culto do "bom gosto" (isto é, a descoberta de elementos
criativos nas coisas consideradas *cafonas*, e que a ideia
de "bom gosto" seria conservadora) foi transformada
em algo reacionário pelos diluidores da mesma: insti-
tuiu-se a "cafonice" estagnatória, já que instituir a ideia
de cafona conduz à glorificação permanente de coisas
passadas (olha-se para trás): hoje há uma febre reacio-
nária de "saudosismos" e "redescoberta de valores",
velhaguardismo; a crítica da Tropicália ao "bom gosto"

da Bossa Nova, era e é ambivalente e específica — a generalização diluidora dela, é reacionaríssima. Isso é um pequeno exemplo. Que dizer das coisas maiores, mais gerais? A ideia de vanguarda, viva e efetiva em alguns, torna-se mera "compilação" na maioria da chamada crítica de arte. Por isso digo: a omissão consciente, ou melhor, pular fora, pode ser mais importante para a "cultura brasileira" revolucionária, do que participar no contexto imediato "policiado" — exemplo máximo: os mais importantes músicos populares do Brasil, Gil e Caetano, para sobreviverem e levarem avante as transformações começadas, tiveram que pular fora — o que criam, em inglês e em Londres, queiram ou não, é a continuação dessa revolução na música brasileira: o caso deles é extremo e é nele mesmo a denúncia desse policiamento moralista-paternal-reacionário vigente hoje no Brasil (há uma espécie de mentalidade geral à la "Flávio Cavalcanti", a mais nociva) — não se trata de um "acidente" nesse contexto: é um estado geral de coisas e vem ao encontro da mentalidade diarreica do país. Mas algo importante e efetivo nasce disso: essa "cultura defensiva" que não quer "pecar" copulando com o mundo, é obrigada a engolir o fenômeno da universalização de seus grandes criadores (seus na medida em que pertençam a um mesmo contexto) — quem poderá ignorar esse fenômeno gigantesco da bossa nova nos Estados Unidos: Tom Jobim virou Musak — mais do que "sucesso no exterior", o fenômeno é reversível e age efetiva e diretamente nesse contexto: urge aos que criam construir algo que se erga como uma face-Brasil no mundo; um criador como Jorge Ben, que estava esquecido, vê-se hoje que era precursor e é continuador dessa revolução, e que contribui na criação dessa face--Brasil: com a Tropicália foi retomado e sua importância reconhecida — recentemente estourou na promoção internacional da Midem; sua poesia-música roça a ideia de "experimental" — é, portanto, um fator construtivo e revolucionário na diluição geral. Não ocorrera a Tropicália, pergunto eu, teria isso acontecido? Mais do que acidente, esse caráter experimental ergue-se como algo positivo e caracteristicamente revolucionário nesse contexto (outros exemplos, muitos poderiam ser aqui invocados). Não existe "arte experimental", mas o *experimental*, que não só assume a ideia de modernidade e vanguarda, mas também a transformação radical no campo dos conceitos-valores vigentes: é algo que propõe transformações no comportamento-contexto, que deglute e dissolve a coni-convivência.

No Brasil, portanto, uma *posição crítica universal permanente* e *o experimental* são elementos construtivos.

Tudo o mais é diluição na diarreia.

anotações conta-gota

28 de agosto de 1978

Para livro de Antonio Manuel sobre o corpo
e implicações na arte, etc.

ANOTAÇÕES CONTA-GOTA

PARANGOLÉ   nas capas a descoberta do corpo
             Extendida na TENDA

             A CAPA ⟶ performance — vestir
             A TENDA ⟶ abrigo-performance

que vislumbre OS NINHOS
(CAMA — BÓLIDE I:
NINHOS EM LONDRES E NOVA YORK
AMBIENTES DE MORAR EM NOVA IORQUE)
pergunta-se:

Q RELAÇÃO TEM PARAGOLÉ
COM O FATO DE SER EU
(NO SEU APARECIMENTO)
PASSISTA DA MANGUEIRA

PASSISTA $\longrightarrow$ descoberta do corpo
PARANGOLÉ $\longrightarrow$

O PASSISTA dança só
a descoberta do corpo descobre o <u>corpo só</u>
incorpora a individuação do corpo
individuação através do corpo

par a par com o PASSISTA
vem PARANGOLÉ

$\downarrow$

a CAPA faz o q a usa
descobri-la e ao corpo
simultaneamente

— A CAPA DESLOCA E DESMONTA O CONCEITO DE
<u>OBRA</u>
— O PASSISTA E A CAPA LIBERAM O CORPO QUAL
COMETA

Q ROLA POR ESPAÇOS LIVRES
com PARANGOLÉ quis eu e
tinha eu o sonho de criar
novas ordens a q chamava
de ESTRUTURA PARANGOLÉ 

q eram essas
<u>ordens?</u>
essa
<u>estrutura?</u>

NADA MAIS Q ORDENS PARA ESTRUTURAR
ALGO NOVÍSSIMO
DENTRO DO NOVO

A DESCOBERTA DO CORPO
COMO ESTRUTURA SENSORIAL INEXPLORADA
COMO MANACIAL INALIENÁVEL Q CONDUZIRIA
À ESTRUTURAÇÃO DO Q CHAMO
<u>O NOVO</u>

<u>COMO INVENÇÃO</u>

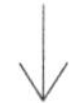

NÃO HÁ UM SEM O
OUTRO

A DESCOBERTA DO CORPO CONDUZIU
À ESTRUTURAÇÃO DO
                              NOVO:

Antes da descoberta-invenção do PARANGOLÉ já havia
construído
NÚCLEOS PENETRÁVEIS BÓLIDES q introduziam o
elemento da participação do espectador

              PARANGOLÉ VEIO ESTRUTURAR
A PARTICIPAÇÃO DO ESPECTADOR

conduzindo
paulatinamente o todo da experiência para a inclusão
                              de experiências
envolvendo o comportamento de ESPECTADOR
                        q passaria a PARTICIPADOR e
mais recentemente a CO-PROGRAMADOR DE
                        PERFORMANCE (definido
como tal
pela primeira vez nos <u>textos-programa</u> feitos em NOVA
IORQUE   aindainéditos)

                  PARANGOLÉ gerou
TROPICÁLIA e as MANIFESTAÇÕES AMBIENTAIS

(no RIO EM LONDRES-WHITECHAPEL e
NOVA IORQUE-MUSEUM OF MODERN ART)

a estrutura — PARANGOLÉ elástico-
adaptativa funciona sempre de maneira renovada

chega
sempre como INSTAURAÇÃO DO NOVO:

PARANGOLÉ
propõe e conduz à
DANÇA
Ao
PERFORMAR
À
FANTASIA-VESTIR
(o conceito para muitos pejorativo de FANTASIA assume um
caráter importante acima do improvisatório: o VESTIR
improvisado torna-se elemento estrutural para a
descoberta do corpo)
às
RUAS
(incorporando-as como elemento vivo para
PERFORMANCE

e incorporando o READY-MADE DUCHAMPIANO e o
OBJET TROUVÉ como estrutra-alimento do dia-a-dia
retirando o artista assim do marasmo bodento dos
ateliês)
ao
SONHO DO LAZER-AMBIENTAL FEITO E
PROGRAMADO
NO DIA-A-DIA
(fazer o <u>chez-soi</u>:
NINHOS   mais recentemente
JARDINS KYOTO/GAUDI internos com
ESCOMBROS DA AV. PRES. VARGAS
(no estúdio da r. Carlos Góis
no Leblon)
à SÍNTESE-CONSTRUÇÃO

(q tem suas raízes nos NÚCLEOS e
PENETRÁVEIS q   surgiram por sua vez
do germe-teórico do NÃO-OBJETO
e do estado a q chamo BRANCO NO BRANCO
q não é mais uma fase ou
obra de MALEVITCH somente mas um estado
sine qua non
para a <u>chegada ao novo</u>: essa síntese
se concretiza nas
maquetes de agora numa experiência

a que chamo

      INVENÇÃO DA COR e nesses dias numa
outra q é

      INVENÇÃO DA LUZ:

      são elas e essa SÍNTESE a culminância do dia
do veio

      mais fino essencial e grandioso da arte mo-
derna quem via   MALEVITCH-MON-
DRIAN-NEOPLASTICISMO/
CONSTRUTIVISMO/BAHAUS/CONCRETO:
é o <u>alimento do novo</u>: é o <u>grito de aspiração à vida</u>)

PARANGOLÉ: atingimento programático da
          <u>fundação de espaço</u>   nisto
se resume
a SÍNTESE TOTAL a q aspira a formulação de PARAN-
GOLÉ
e a programática da
descoberta do corpo

      o sensorial livre já das experiências chamadas
sensoriais q se fundavam em manipulações corporais

FUNDAR O ESPAÇO

———
95

↓

programa além da arte

VANGUARDA É O DIA-A-DIA   se não mais existem
<u>movimentos vanguardistas</u> é porque cada um deve ser a
VANGUARDA: ELA SE FAZ E DESFAZ NO DIA

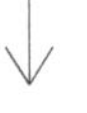

<u>ELA É</u>

O NOVO:

<u>O NOVO A INVENÇÃO:</u>

E O INVENTOR é o único q tem relevância:
                              é o único capaz de ser
o protótipo-
modelo para o indivíduo q deverá emergir no processo
de
                              coletivização
emergente do qual fala SARTRE no livro sobre GENET:
              diz SARTRE   "Dividimo-nos como
ele (GENET), entre as exigências de uma ética <u>herdada</u>
da propriedade_individual e uma ética coletivista em
processo de formação"

O INVENTOR

EMERGE DE MODOS DIFERENTES A CADA DIA CADA
VEZ MAIS LIGADO A UM PROCESSO
COLETIVISTA DE AÇÃO

O INVENTOR INVENTA O NOVO NO DIA

DO DIA

ELE FAZ O NOVO DIA:

— o <u>corpo</u> e as experiências ditas sensoriais foram
e são a ponte necessária
para o INVENTOR emergir ⟶ não são o fim:
são pretextos sempre renováveis

<u>o corpo</u>

é como BRANCO NO BRANCO uma etapa-estado
necessário
para a chegada ao
NOVO DIA DO INVENTOR:

as experiências e a invocação experimental envolvendo o <u>corpo</u> sempre hão de aparecer e reaparecer
de novos modos: tantos quantos seriam os indivíduos
a experimentá-las.

O Q Faço é Música

ho
rio
ATAULFO
11 de novembro de 1979

NIETZSCHE: Vontade de Domínio
(Will to Power — Vintage Giant Edition —
pág. 431) 814 (primavera-outono 1887;
Revisado prim.-out. 1888)

"Artistas não são homens de grande paixão, não importa o que queiram dizer a nós e a si mesmos. E isto por duas razões: não têm sentimento algum de vergonha diante de si mesmos (auto-observam-se enquanto vivem; espionam-se, são excessivamente inquisitivos) e tão pouco diante da grande paixão (exploram-na enquanto artistas).

Por outro lado, também, o seu vampiro, o seu talento, na admite para eles como regra este desperdício de energia chamado paixão.

--- Se alguém tem talento é também vítima dele: vive vampirizado pelo próprio talento."

Para NIETZSCHE a descoberta da arte (ou do q seja ela) é a descoberta de algo mais forte q o pessimismo, de algo "mais divino" q a verdade:

mas a arte não como forma de "atividade cultural": não arte pela arte   Vontade de Domínio mesma edição pág. 450 no item 852: "(--"O Amor pela Beleza" pode ser algo outro que que a capacidade de ver o belo, de criar o belo; pode ser a expressão da própria incapacidade de fazê-lo)":

por isso com a descobertado corpo q me veio como consequência da desintegração das velhas formas de manifestação artística (como consequência recente do programa-grito de MALEVICH na primeira metade do século: Q O REPÚDIO AO VELHO MUNDO DA ARTE FIQUE INSCRITO NAS PALMAS DE SUAS MÃOS) cheguei à conclusão de q não só as categorias formais de criação plástica perderam suas fronteiras e limitações (pintura escultura etc.) como as divisões das chamadas artes também:

descobri q o q faço é MÚSICA e que MÚSICA não é "uma das artes" mas a síntese da consequência da descoberta do corpo: por isso o ROCK p. ex. se tornou o mais importante para minha posta em xeque dos problemas-chave da criação (o SAMBA em q me

iniciei veio junto essa descoberta do corpo no início
dos anos 60: PARANGOLÉ e DANÇA nasceram juntos
e é impossível separar um do outro): o ROCK é a síntese planetário-fenomenal dessa descoberta do corpo q se sintetiza no novo conceito de MÚSICA como
totalidade-mundo criativa em emergência hoje: JIMI
HENDRIX DYLAN e os STONES são mais importantes
para a compreensão plástica da criação do q qualquer
pintor depois de POLLOCK: a menos q queiram os
artistas ditos plásticos continuar remoendo as velhas
soluções pré-descoberta do corpo ao infinito: e não é
o q está acontecendo de certa forma?: não seria a essa
síntese MÚSICA-totalidade plástica a q teriam condu-
zido experiências tão diversas e radicalmente ricas na
arte da primeira metade do século quanto as de MA-
LEVICH KLEE MONDRIAN BRANCUSI?: e por que é q
a experiência de HENDRIX é tão próxima e faz pensar
tanto em ARTAUD?:
mas isto fica para outro texto maior noutra parada
já que o assunto é bem complexo e aponta para o q
NIETZSCHE concebeu como sendo o artista trágico
(q ao contrário do que se pensa não é a "remontagem
do artista apolíneo-dionisíaco grego" mas algo q não
existia antes em plenitude e só agora começa emergir
na sua inteireza e totalidade)
!:

é MÚSICA porque com a posta em xeque da obra e da razão dela foi a MÚSICA o condutor espinha-dorsal ao cerne do problema (por que a multiplicação de obras?: em vez de multiplicar obras a concepção de q ela é única): não há a tão falada evolução de uma obra para outra: cada uma é um monumento único totalmente independente da outra (o q terá vindo "antes" ou "depois"?: na verdade há uma tal simultaneidade de raízes e veios q se erguem q não é possível saber o q veio antes ou depois: raízes criadas no ar a partir da INVENÇÃO do criador-artista e nunca as mafaldadas tão faladas "raízes" e q estas sim seriam o empecilho à INVENÇÃO CRIATIVA): ao artista INVENTOR não cabe somar obras: não existe "estilo": com DUCHAMP tudo isto já havia chegado ao limite: e com ARTAUD?: e por que buscam os artistas a unidade?: coerência? unidade? em suma querer restabelecer o velho "estilo"!: quem não colocar em xeque o problema da obra ficará marcando passo fazendo "obras" mecanicamente: não é o q está acontecendo? (e ainda pegam DUCHAMP para modelo!)

Cadernos ultramares

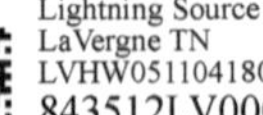

9 786586 962536